www.tredition.de

AF203046

GODAFRID

Die Beerdigung Gottes

Wenn der Glaube stirbt

www.tredition.de

Verlag & Druck: tredition GmbH, Halenreie 40-44, 22359 Hamburg

ISBN:
 978-3-347-35039-7 (Paperback)
978-3-347-35040-3 (Hardcover)
978-3-347-35041-0 (e-Book)BN

Inhaltsverzeichnis

VORWORT

Dieses Buch soll keine vernichtende Kritik an den christlichen Kirchen sein, sondern Menschen helfen, die durch die aktuelle Krise der Kirche in Bedrängnis und seelische Konflikte geraten. Es möchte verhindern, mit dem inneren Abschied von Klerus und Institution Kirche auch den Glauben an Gott zu beerdigen.

„So lange die Wahrheit nicht deine Wahrheit ist, bleibt sie die Unwahrheit."

Diesen Spruch des weisen indischen Lehrers Sri Bhagavan möchte ich dir, liebe Leserin, und dir, lieber Leser, als wehendes Banner für die möglicherweise spannende und aufschlussreiche Reise mitgeben, auf die du dich mit der Lektüre dieses Buches begibst. Trage das Banner vor dir her und richte immer wieder deinen Blick darauf. Vertraue fest darauf, dass du deine Wahrheit schon immer in dir trägst und dass du nur auf die Suche gehen musst, um sie zu finden. Dieses Buch möchte dich bei deiner Suche ein Stück begleiten. Ich erhebe keinerlei Anspruch darauf, im Besitz der Wahrheit zu sein und gebe freimütig zu, dass ich sicherlich bis zu meinem Tode weiterhin auf der Suche nach Antworten bin. Antworten auf Fragen, die mir das Leben selbst jeden Tag stellt. Aber weil ich schon seit sechzig Jahren auf dieser Suche bin, kann ich dir anhand meiner eigenen Erfahrungen vielleicht Denkanstöße geben, die dir helfen, deine eigene Wahrheit zu finden. Ich möchte nicht, dass du mir glaubst, was ich dir erzähle, ich würde mich aber sehr freuen, wenn ich dich mit meinen Geschichten und Gedanken zum Nachdenken bringen würde.

Einleitung

Wenn man sich über Entwicklungen Gedanken machen will, ist es logisch, am Anfang zu beginnen.

Eines der Schöpfungsgesetzes, über die wir später noch ausführlicher reden werden, ist das Gesetz von Ursache und Wirkung. Es bedeutet, dass es keine Wirkung ohne eine Ursache gibt und jede Ursache mit absoluter Sicherheit eine Wirkung nach sich zieht. Wenn ich mir also über bestimmte Vorgänge und Fakten (=Wirkungen) ein Bild machen möchte, sollte ich nach den zugrunde liegenden Ursachen suchen. Nur mit ihrer Kenntnis kann ich für mich eine Wertung einer Tatsache oder eines Zustandes vornehmen.

„Warum ist das jetzt so und was hat zu diesem heutigen Stand der Dinge geführt?" wäre die angemessene Frage, die wir stellen sollten.

Es gehört zu den Eigenarten des menschlichen Daseins, dass sich solche Gedanken meistens in Krisen oder aus Notlagen heraus entwickeln, nur sehr selten in Zuständen von Glück und Wohlergehen. Das mag daran liegen, dass wir glauben, ein Anrecht auf Unversehrtheit und Wohlstand zu haben. Mit Schmerz, Leid oder gar Tod haben wir große Probleme. Sowohl bei uns selbst als auch bei anderen wollen wir möglichst vermeiden, hinzusehen. Wir halten krampfhaft die dunkle Seite unseres Seins auf weitem Abstand, wollen sie einfach nicht wahrhaben und akzeptieren. Damit verweisen wir sie natürlich in eine starre und ständig bedrohliche Existenz, statt daran zu arbeiten, sie aufzulösen und freizusetzen.

Wir wollen uns hier mit der aktuellen Krise der Kirche, insbesondere der Katholischen Kirche, beschäftigen und den Fragen auf den Grund gehen, wie es dazu kommen konnte. Dazu müssen wir selbstverständlich zum Anfang der Institution der Römischen Kirche und noch weiter zurück gehen. Dabei werden wir auch die Heiligen Schriften heranziehen und über den Glauben nachdenken, der bis heute in dieser Kirche verkündet wird. Dieses Buch möchte sich nicht erheben, über eine weltumspannende Glaubensgemeinschaft den Stab zu brechen, sondern lediglich Fragen stellen, die von den Kanzeln kaum oder zumindest unverständlich beantwortet werden. Ich werde dabei auf mein Leben als getaufter Katholik und später nach meinem Kirchenaustritt als „Neuheide" zurückblicken und von den Fragen erzählen, die sich mir gestellt haben. Auch werde ich von meiner Suche nach Antworten erzählen und was daraus zu meiner Wahrheit wurde. Vielleicht kann dir das eine Hilfe sein, deine eigene Wahrheit zu finden.

Katholische Kindheit

An meine frühe Kindheit habe ich größtenteils nur die besten Erinnerungen. Ich wuchs in der Nachkriegszeit in einem Großstadtvorort auf. Mein Vater war spät, aber physisch stark und unternehmungslustig aus der Kriegsgefangenschaft zurückgekehrt und baute mit meiner Mutter zusammen das traditionsreiche elterliche Familienunternehmen aus den Trümmern der Stadt wieder zu neuer Blüte auf. Mein älterer Bruder und ich wurden von einer jungen Kinderschwester, die bei uns auch ständig lebte, betreut und gingen zunächst im Ort zur Volksschule. Ich ging liebend gerne in die Kirche und zu den Gottesdiensten. Besonders die schönen hingebungsvollen Lieder hatten es mir angetan und ich schaffte es, in den Knabenchor der Pfarrei aufgenommen zu werden. Meine Mitgliedschaft im Chor war allerdings mit einem entscheidenden Makel behaftet, denn mein Vater hatte im nahen Mittelgebirge ein Wochenendhaus gebaut, wohin wir jedes Wochenende als ganze Familie mit Kinderschwester fuhren und dem Großstadtalltag für zwei Tage den Rücken kehrten. Dort gingen wir in die Dorfkirche, wo die Bauern uns Städter damals noch wie Exoten beäugten und ich mich nie so richtig wohl fühlte. Somit war aber meine Teilnahme am Chorauftritt an Hochfesten wie Weihnachten und Ostern zuhause natürlich nicht möglich und ich hatte deshalb bei meinen kleinen Sängerkollegen sowie beim Kaplan ziemlich schlechte Karten. Dafür war ich bei den Proben immer einer der Eifrigsten. Eines Tages hatten zwei hinter mir stehende Jungen wohl sehr wichtige Dinge auszutauschen, jedenfalls hörte selbst der Kaplan, der an der Orgel saß, die störenden Geräusche. Er schaute hoch, sah mich an und beschuldigte mich, den Chorgesang mit meinem Gequatsche gestört zu haben. Trotz meiner Beteuerungen, dass ich das nicht gewesen sei, blieb er dabei und wollte mich zur Strafe von der Chorprobe ausschließen. Obwohl ich ein Knirps von gerade mal acht Jahren war, konnte ich mir diese Ungerechtigkeit nicht gefallen lassen, nahm das Gesangbuch, knallte es dem Kaplan auf die Orgel und rief: „Ich kündige!" Dieses Wort hatte ich schon mal von meinem Vater gehört und er hatte mir erklärt, was es bedeutete. Meiner Begeisterung für die Kirche und die Gottesdienste hatte dieser Vorfall keinen Abbruch getan, ich vermute aber heute, dass ich schon damals als kleiner Junge lernen musste, dass Priester auch nur Menschen sind und Fehler machen können.

In der Folge entwickelte ich auch ohne Chor helle Freude und Begeisterung, im Gottesdienst aus voller Kehle mitzusingen, wenn bestimmte Lieder angestimmt wurden.

Eines Tages begegnete ich auf dem Nachhauseweg von der Schule dem Pastor, der den gleichen Weg wie ich hatte. Ich glaube, er musste zu einer Krankensalbung. Er fragte mich, ob ich mit ihm gehen wolle und nahm mich an der Hand. Als wir an unserem Reihenhaus vorbei gingen und er meine Hand nicht losliess, traute ich mich nicht, ihm zu widersprechen. Er nahm mich noch weiter auf der Straße durch einen Wald und über die Bahnbrücke mit, bis er sich verabschiedete und mir sagte, dass er hier in dieses Haus müsse. Damit überließ er mich meinem Schicksal und ich musste alleine zurück nach Hause laufen. Dort musste ich natürlich erzählen, warum ich so spät von der Schule zurückkam und das Mittagessen fast versäumt hätte. Als unsere Kinderschwester meinen Eltern abends von dem Vorfall berichtete, muss mein Vater vor Wut geschäumt haben. Ich weiß nicht, ob er mit dem Pastor einige ernste Worte geredet hat, aber mir wurde eingeschärft, dass ich nie mehr mit jemandem mitgehen dürfe, auch nicht mit einem Priester. Mein Vater schien überhaupt etwas gegen Priester zu haben und sagte immer, dass er keinen im Haus haben wolle, obwohl er mir sehr gläubig vorkam. Diese Tatsache und seine Anordnung, dass keiner von uns Messdiener werden durfte, brachten mich später zu der Überzeugung, dass er selbst wohl mal schlechte Erfahrungen gemacht haben musste. Dennoch gingen wir stets als ganze Familie jeden Sonntag zur Messfeier in die Kirche und wir wurden auch von unserer Kinderschwester, die übrigens evangelisch war, was wir Kinder damals nicht wussten, wenigstens alle vier Wochen zur Beichte geschleift. Damit will ich sagen, dass ich nie gerne beichten gegangen bin. Ich habe mir damals Geschichten ausgedacht, um etwas erzählen zu können, wo ich „gesündigt" hatte. So konnte ich meistens unangenehmen Fragen der Beichtväter aus dem Wege gehen, die sich sehr oft in peinlicher Weise um das Thema der „Keuschheit" drehten. Wenn ich dann die Absolution erhalten hatte und in der Kirche meine Bußgebete runtergerattert hatte, bin ich sehr erleichtert wieder aus der Kirche gerannt. Damals schob ich meine Erleichterung durchaus auf die angebliche Vergebung meiner Sünden, heute ist mir klar, dass ich wahrscheinlich nur froh war, vier weitere Wochen bis zur nächsten

Beichte zu haben. Überhaupt bin ich der Überzeugung, dass etwas Schlimmes vorgeht, wenn Kinder sich Sünden ausdenken und lügen aus Angst vor den bohrenden Fragen eines Priesters, mit dem sie alleine in einer dunklen Holzkiste hocken.

Ein weiteres Ereignis dieser ersten Lebensjahre, welches mir noch wie heute in meinem Gedächtnis geblieben ist, trug sich während des Religionsunterrichtes zu. Ein Kaplan erzählte uns vom Leben Jesu. Irgendwann zeigte er auf das Kreuz mit dem Christuskorpus im Klassenzimmer und sagte, dass Jesus für unsere Sünden gestorben sei. In mir sträubte sich alles gegen diese Behauptung, denn ich widersprach sofort und sagte ihm, ich hätte nichts Derartiges verbrochen in meinem Leben, dass dafür ein Mensch, schon gar nicht mein Held Jesus, sterben musste. Der Kaplan versuchte nun, zu erklären, dass uns unsere Sünden durch Jesu Tod vergeben worden seien, weil er unsere Schuld auf sich genommen habe. „Welche Schuld?", fragte ich und „warum muss ich dann noch beichten gehen?". Mir war völlig schleierhaft, wieso ein so lieber Mensch wie Jesus von anderen Menschen misshandelt und getötet wurde, nur aus dem Grund, uns von unseren Sünden reinzuwaschen. Es entwickelte sich vor der Klasse ein Disput zwischen dem Kaplan und mir, der darin endete, dass er einen hochroten Kopf bekam und mich abschließend anschrie: „Das musst du eben glauben!"

Unsere Volksschule, wie die Grundschule damals hieß, war in einem sehr großen alten Gebäude untergebracht, welches aus einem rechten (evangelischen) und einem linken (katholischen) Teil bestand. Beide Trakte waren voneinander getrennt, so dass die Schüler nicht miteinander in Berührung kommen konnten. In der Mitte führte ein tunnelartiger Rundbogengang, durch den ein Lkw durchfahren konnte, zur rückseitigen Schulhofanlage. Wir katholischen Kinder hielten uns in den Pausen auf dem vorne gelegenen Schulhof auf, während die evangelischen Kinder hinter dem Gebäude Pause machten. Uns war es strengstens verboten, durch den Tunnel auf den hinteren Schulhof zu gehen und Kontakt zu den evangelischen Kindern aufzunehmen. Mit der Zeit gewann ich aufgrund dieser Abgrenzung den Eindruck, dass die evangelischen Kinder entweder an einer ansteckenden Krankheit litten oder von Grund auf böse und schlecht sein mussten. Warum sonst hätte man uns den Kontakt verboten?

Nach der vierten Klasse kam ich im Alter von zehn Jahren auf das Gymnasium in einem anderen Stadtteil. In jeder der Bänke des Klassenraumes hatten zwei Schüler Platz. Vom ersten Tag an war mir mein Nachbar in der Bank sehr sympathisch und angenehm und schon nach wenigen Tagen sah ich ihn als lieben Freund an. Als der erste Religionsunterricht anstand, mussten die evangelischen Schüler den Klassenraum verlassen, weil sie in einem anderen Raum unterrichtet wurden. In dem Moment, als mein neuer lieber Freund aufstand, um auch den Raum zu verlassen, war ich völlig verwirrt. Er, den ich so gerne mochte, sollte einer dieser Evangelischen sein? Er war doch so ein lieber und netter Kerl, an dem ich nichts Schlechtes erkennen konnte.

An diesem Tag wurde sicherlich der Grundstein für meine lebenslange Suche nach Antworten um die Frage nach Gott, der Schöpfung und unserem Sein als individuelle Menschen mit Körper, Seele und Geist gelegt. Denn mir wurde klar, dass ich nicht einfach glauben konnte, was ich nicht in meinem Herzen als wahr erkannte – nur, weil mir Erwachsene das erzählten. Und mir war klar, dass es da grundlegende Strukturen, Behauptungen und Meinungen gab, die für mich nicht wahrhaftig waren und die ich damit auch nicht als Wahrheit annehmen konnte.

Später auf dem Gymnasium kamen im Religionsunterricht dann die anderen Weltreligionen zur Sprache und ich fragte mich immer, warum diese als heidnisch betrachtet wurden und nur der Katholizismus der einzig selig machende Glauben sei. So wurde es uns nämlich gelehrt und meine Frage, ob denn alle anderen Menschen, die vielen Andersgläubigen, alle nach ihrem Tod in die ewige Verdammnis befördert werden, kam natürlich bei den Priestern nicht gut an. Wir konnten die Schweißperlen auf ihrer Stirn sehen, aber keine plausible Erklärung als Antwort bekommen. Meistens mussten wir wieder „glauben".

Oft wurde auch gesagt, dass Gott selbst diese Kirche gegründet hat und sie deshalb die einzige und wahre ist. Am Ende blieb uns wieder nur der Glauben. So wuchs ich einerseits mit meinen Fragen an die Kirche heran, während ich andererseits ein glühender Verehrer Gottes war, der in seinem Herzen eine tiefe Liebe zu allem Göttlichen spürte. Dabei richtete sich mein Streben stets nach dem Höchsten, dem Vater. Und ich hatte eine leise Ahnung, dass all die Heiligen, die Muttergottes und auch Jesus gewissermaßen Leitstrahlen waren, die alle auf Ihn hinwiesen und zu Ihm hinführten.

Je mehr Fragen aufkamen, die nicht zu meiner Zufriedenheit beantwortet wurden, umso stärker und drängender wurde meine Suche, von der ich hier noch weiter berichten werde.

Die Bibel – Altes Testament

Wenn wir die heutigen Zustände der Kirche, insbesondere der Katholischen Kirche, betrachten wollen und uns fragen, wie alles so weit kommen konnte, müssen wir uns auch hier in die Anfänge ihrer Entwicklung einlassen. Nun bin ich weder Historiker noch Theologe und man möge mir verzeihen, wenn ich nur einen laienhaften Abriss geschichtlicher Vorgänge liefere, der unserer persönlichen Wahrheitsfindung dienen könnte. Die erste Voraussetzung ist dabei natürlich, dass wir an die Bibel als echtes Zeitzeugnis glauben und die darin beschriebenen Geschichten und Aussagen für uns als überwiegend zutreffend und damit wahr annehmen. Denn es nicht zu leugnen, dass sich das Christentum auf die Bibel als Fundament aufbaut. Es ist in der Menschheitsgeschichte wohl kaum um ein Buch und seinen Inhalt so viel Streit entstanden wie um die Bibel. Die niedersten menschlichen Anlagen traten durch unterschiedliche Auslegungen offen zutage und mündeten in Krieg, Mord und Totschlag. So fällt es mir heute schwer, die Bibel als Heiliges Buch zu bezeichnen.

Wenn ich mich noch an meine aktive katholische Zeit mit regelmäßigen Messfeiern erinnere, fällt mir unangenehm auf, wie teilweise Lesungen aus dem Alten Testament auf mich wirkten. Da werden von einem eifernden Gott Generationsflüche ausgesprochen, die sich noch auf die dritte und vierte Folgegeneration auswirken. Da lässt ein zorniger Gott seine Wut an den Menschen aus und radiert sie von der Erde (Sintflut, Sodom). War das der Gott der Liebe, der mich tröstet, wenn ich traurig bin, der mich liebt und mich schützt, zu dem ich immer und allezeit Zuflucht nehmen kann?

Wieder kam ich ins Zweifeln, und die Predigten, die diesen Lesungen folgten und mir das soeben gehörte schönreden wollten, brachten mich wegen ihrer zwanghaften und verschnörkelten Interpretationen in einen leichten Dämmerzustand. Folgen konnte ich dieser Logik jedenfalls nicht.

Aber fangen wir mal bei der Entstehung der Menschheit an. Als Gott den ersten Menschen, Adam, und danach aus seiner Rippe Eva erschaffen hatte, sündigten die beiden gegen sein Wort und mussten das Paradies verlassen. Sie bekamen zwei Söhne, Kain und Abel. Der eine erschlug den anderen, musste das Land Eden verlassen und siedelte im Land Nod, wo er sein Weib erkannte (= altes deutsches Wort für „Beischlaf") und ihnen der Sohn Henoch geschenkt wurde. Es bleibt nun leider völlig unklar, woher eigentlich dieses Weib kam, waren doch Adam und Eva mit ihren Söhnen die ersten Menschen überhaupt (Genesis, 4. Kap.).

Im weiteren Verlauf der Geschichte (Genesis, 6. Kap.) „sahen die Göttersöhne (?), dass die Menschentöchter schön waren und sie nahmen sich zu Weibern, so viele sie wollten". Das gefiel dem Herrn überhaupt nicht und er beklagte sich, dass der „Mensch ja nur noch Fleisch ist". Zur Strafe reduzierte er das Lebensalter auf maximal 120 Jahre, während bisher die im vorigen Kapitel benannten Männer doch deutlich älter, teilweise über 900 Jahre alt geworden waren (Genesis, Kap. 5).

Wer waren diese Göttersöhne, die sich mit den Menschentöchtern verbandelten? Halbgötter? Engel? Außerirdische? Weiterhin „gab es um diese Zeit ja auch Riesen auf der Erde". Das steht tatsächlich so im 6. Kapitel Genesis. Was sind das für Geschichten, die da im Heiligen Buch der Kirche aufgeschrieben sind?

Im 19. Kapitel Genesis wird beschrieben, wie Lot mit Frau und zwei Töchtern aus Sodom flieht, die Stadt zerstört wird und Lots Frau zur Salzsäule erstarrt, weil sie sich entgegen der Anweisungen umgedreht hat und neugierig der Feuersbrunst zuschauen wollte. Nun war Lot allein und die Töchter fürchteten um die Zukunft des Stammes. Also machten sie den Vater mit Wein betrunken und legten sich zu ihm, um Nachwuchs von ihm zu erhalten. In der ersten Nacht die Ältere und in der nächsten Nacht die jüngere Tochter, so steht es da geschrieben. Papa hat von allem nichts gemerkt. Aus dieser Inzucht entstanden dann weitere Stämme. Mir scheint, dass man in puncto Sexualität schon damals sehr fortschrittlich war. Trotzdem habe ich an vielen Stellen dieses Alten Testamentes kein heiliges Gefühl.

In diesem Zusammenhang sollte ich noch erwähnen, dass sich die drei abrahamitischen Religionen Christentum, Judentum und Islam auf Abraham beziehen und dort ihren gemeinsamen Ursprung finden. Altes Testament, Tora und Koran basieren also auf denselben Fundamenten und sind für diese monotheistischen Religionen die Heiligen Bücher, nach denen ein Glaubensgerüst gebildet wurde.

Aus meiner Sicht das Beste im Alten Testament sind die 10 Gebote, die Moses von Gott erhielt, weil sie sich bis heute als Basis der christlichen Moral erhalten haben. Ansonsten bleiben mir sehr viele Geschichten, Begebenheiten und Aussagen des Alten Testamentes verschlossen, da sie sehr alten archaischen Kulturkreisen entspringen, die unserer heutigen Entwicklung kaum mehr entsprechen. Ich bin der festen Überzeugung, dass alles in der Schöpfung einer Weiterentwicklung unterliegt, in der es keinen Stillstand geben kann. Zu diesem sehr wichtigen Punkt namens Evolution komme ich später noch.

Die Bibel – Neues Testament

Auch im Evangelium ging es noch recht ruppig zu, auch da wurde verraten, gemartert, gesteinigt und gekreuzigt, aber das Leben Jesus schien irgendwie etwas mehr Menschlichkeit und Güte in diese seltsam inhumane Zeit zu bringen. Jedenfalls war das mein Eindruck als Kind. Am Anfang hat nämlich Herodes alle kleinen Jungen unter zwei Jahren umbringen lassen, um den kleinen Jesus zu eliminieren, der nach den Prophezeiungen der neue König Israels sein sollte. Jesus konnte jedoch mit seinen Eltern nach Ägypten entwischen, kam aber dann nach Herodes Tod wieder zurück und die Familie ließ sich in Nazareth nieder.

Jedes Jahr machte man eine Wallfahrt zum Tempel in Jerusalem. Als Jesus 12 Jahre alt war, blieb er dort und diskutierte mit den Priestern. Danach entsteht eine Lücke im Lebenslauf von 18 Jahren. Was war in dieser Zeit? Und wo war er? Seine Geschichte in der Bibel geht also erst bei Johannes, dem Täufer, weiter. Nach seiner Taufe durch Johannes im Jordan wurde er zum Wanderprediger und zog mit der Zeit immer mehr Menschen in seinen Bann. Er vollbrachte großartige Wunder, was mir als Kind natürlich sehr imponierte. Wir hatten damals noch kein

Internet, kein Fernsehen und keine amerikanischen Comic-Helden, aber von Jesus hörten wir jeden Sonntag. So wundert es mich nicht, dass Jesus ein Held für mich war.

Das Neue Testament ist voller wunderbarer Geschichten um Jesus, sein Wirken und seine Lehren. Er sprach zu den Menschen seiner Zeit in Bildern, die sie verstehen konnten. Er heilte Kranke und gab Lebensberatung, auch wenn seine Worte manchmal für heutige Verhältnisse recht hart klangen. Wir müssen hier sicherlich die vielfältigen Übersetzungen, Korrekturen und das Alter der Überlieferungen berücksichtigen. Selbst wenn an der Botschaft Jesu von vielen Händen manipuliert wurde, bleibt doch die grundlegende humane Tendenz zur Gottesliebe als erstes Gebot, zur Nächstenliebe als zweites und genauso wichtiges Gebot sowie vielerlei hilfreiche Hinweise für ein harmonisches und soziales Miteinander. Wenn ich auf die Zeit meiner Kindheit vor der Pubertät zurückblicke, dann bin ich sogar dankbar, in einer katholischen Erziehung aufgewachsen zu sein. Die Lehren Jesu aus dem Neuen Testament haben in mir eine Basis erweckt, die vielleicht schon angelegt war, die mich aber später dahin führte, weiter und sogar auf anderen Pfaden nach Gott zu suchen.

Allein mit den Umständen von Jesus Tod war ich überhaupt nicht einverstanden. Und ich nahm es ihm übel, dass er für mich gestorben sein sollte. Ich wollte mich dafür nicht schuldig fühlen und immer, wenn ich irgendwo ein Kreuz mit dem leidenden, gemarterten Körper Christi hängen sah, fühlte ich eine Mischung aus Trauer, Mitleid, Zorn und Ablehnung. Viele Jahre meiner Kindheit musste ich am Karfreitag in der Kirche an der Passion teilnehmen, wo das Leiden und der Tod Jesu wirklich exzessiv zelebriert wurde. Es war ein schrecklich dunkles, furchterregendes Schauspiel, welches die Priester offensichtlich mit großem Genuss für die Gemeinde aufführten. Diese Verherrlichung von Jesu Leiden und sogar seinem Blut haben mich immer abgestoßen und bis heute eine liebevolle und innige Jesus-Beziehung verhindert. Das konnte auch durch seine österliche Auferstehung nicht mehr geheilt werden. Aus heutiger Sicht erscheint mir dieser fast fanatische Fokus auf die gesamte Leidensgeschichte Jesu ein genialer Schachzug zu sein, um die Gläubigen in Schuldgefühle zu verstricken. Mir kommt es vor, als ob man seitens der Kirche das Kreuz feierlich vor sich herträgt, um den Menschen zu bedeuten: „Seht her, was ihr getan habt! Seht her, Gott hat seinen Sohn für euch geopfert, damit euch eure

Schuld vergeben wird, denn ihr seid alle Sünder!" Wenn dann noch verkündet wird, dass Jesus selbst auf Petrus als Fels seine Kirche gebaut hat und diese damit die einzig legitime Nachfolge darstellt, die die Befugnis zur Vergebung der Sünden hat, kann man sich vorstellen, welche Absichten möglicherweise dahinterstehen.

Die Kirche - Das Gebäude

Was ist „die Kirche" überhaupt?

Ein Gebäude, eine Glaubensgemeinschaft oder eine Organisation, die von einem Klerus geführt wird? Sicherlich von allem etwas. Wenn wir in die Kirche gehen, sprechen wir vom Gebäude. Ich bin jedes Mal beeindruckt, wenn ich eine historische Kirche betrete, ob sie mit Menschen gefüllt ist oder leer. Die Schönheit und Erhabenheit des Bauwerkes, welches zur Verehrung Gottes gebaut wurde, trägt auch völlig zurecht den Namen „Gotteshaus". Die Höhe und Eleganz der Säulen, Bögen, Schiffe und der Apsis sind oft atemberaubend und der Geist des kolossalen umbauten Raumes erfüllt den Besucher mit Ehrfurcht und führt in eine andächtige Stille. Ich schaue auf die Zeichen der Steinmetze und stelle mir vor, mit welcher Inbrunst die Menschen der damaligen Zeit trotz aller Hindernisse und Widrigkeiten an ihrem Vorhaben festhielten, bis es endlich nach Jahrzehnten oder gar Jahrhunderten fertig gestellt werden konnte. Die meisten Köpfe der Baumeister, die es geplant hatten und die Mehrheit der Hände, die es schufen, haben das Bauwerk, welches sie in ihrem Herzen ersehnten, niemals fertig gesehen. Welch eine Gottesliebe und welch eine Hingabe hatten sie und natürlich auch die Stifter und Spender, die das nötige Geld gaben zur Errichtung dieser Kirchen. Meine Bewunderung und mein Respekt gilt ihnen allen, wenn ich eine solche Kirche betrete. Daneben sehe ich die Dekorationen, die Malereien, die Schnitzereien, die Bilder und natürlich die herrlichen Glasfenster. Die Kirchenbauten haben über Jahrhunderte die Menschen aus einem Glauben an Gott heraus zu künstlerischen Höchstleistungen angespornt.

Nach den Zerstörungen durch die Bomben des II. Weltkriegs haben sich leider einige Pfarreien moderne Architekten geholt, die eher sich selbst als Gott ein Denkmal errichtet haben. Diese Betonbunker wirken auf mich wie erstickende Sarkophage und erdrücken mich mit ihrer Tristesse. Ich frage mich ernsthaft, welches Gottesbild diese Planer gehabt haben, wenn sie ein solches Gotteshaus entworfen haben. Diese Gebäude geben mir jedenfalls einen Eindruck von Starre, Kälte, Lieblosigkeit und gar ein Gefühl von Lebensfeindlichkeit. Vielleicht entsprechen sie ja dem Bild des irdischen Lebens in einem „Jammertal", was nur durch die Hoffnung auf ein paradiesisches Jenseits zu ertragen ist. Das mag nach den Erlebnissen von

Elend, Zerstörung und Tod durch den II. Weltkrieg sogar verständlich sein, aber ein das Herz
erfreuende und Gott verherrlichende Bauwerk
sieht für mich definitiv anders aus.

Die Kirche –
Die Glaubensgemeinschaft

Als Angehöriger einer Kirche bin ich Mitglied einer Glaubensgemeinschaft und werde auch als Staatsbürger mit meiner Konfession erfasst und geführt. In Konfessionen (vom lat. confessio = Bekenntnis) werden die verschiedenen Untergruppen einer Religionszugehörigkeit erfasst. Im Laufe der Zeit entwickelten sich aus dem Ur-Christentum die unterschiedlichsten Konfessionen, die sich durch eigene Glaubensvorstellungen und Hierarchien von der römischen Kirche absetzten. Manche blieben noch unter ihrem Dach, andere wiederum begannen etwas Neues, was sich aber in den wichtigsten Glaubensgrundsätzen noch auf den alten Fundamenten aufbaute. Das ist auf alle Fälle die Leitfigur des Jesus Christus. Das erste wichtige Schisma (Kirchenspaltung) war die Abtrennung der römisch-orthodoxen Kirche im Jahre 1054. Es folgten im Laufe der Zeit noch die Reformation durch Luther im 16. Jahrhundert, aus der wiederum verschiedenste Strömungen entstanden, wie beispielsweise 1867 die durch Heinrich VIII. in England gegründete Anglikanische Kirche.

Insgesamt besteht die christliche Kirche aus hunderten Glaubensgemeinschaften, die entweder noch mit Rom und dem Papsttum verbunden sind, oder aber sich davon abgelöst haben und das Papsttum nebst Vatikan als tonangebende Glaubensinstitution ablehnen. Sie unterscheiden sich durch unterschiedlichste theologische Meinungen sowie durch ihre Rituale und Messfeiern. Es gibt genügend Literatur von Fachleuten über die christlichen Glaubensgemeinschaften. Wenn heute von den Amtskirchen (evangelisch wie katholisch) und vom Staat Sektenbeauftragte beschäftigt werden, die kleine, nicht-christliche Glaubensgemeinschaften unter die Lupe nehmen und als Sekten bezeichnen, erscheint mir das wie Hohn angesichts der vielen Sekten (von einer Mutterreligion abgespaltene religiöse Gemeinschaften), die sich im Christentum gebildet haben. Überhaupt hat sich hier eine Tendenz entwickelt, das Wort Sekte als abwertend und negativ zu gebrauchen.

Die Kirche - Die Institution

Macht, Glanz und Herrlichkeit Gottes wurden seit zweitausend Jahren durch seine selbsternannten Stellvertreter, die die Institution Kirche bildeten, dargestellt. Es waren und sind Menschen (!), die solche unglaublichen, weltumspannenden Strukturen geschaffen haben, um die Kinder Gottes von Seinem Willen zu unterrichten und sie zu überzeugen, dass Gott sie zu diesem Zweck eingesetzt habe. Dazu bedienten sie sich perfider Techniken, um uns zu der Überzeugung zu bringen, nur durch sie und ihre Institution sei unser Seelenheil zu erreichen. Wichtige Erkenntnisse der Ur-Christen, die bereits in viel älteren Kulturen zum Weltanschauungsbild gehörten, wurden auf dem Altar der Zweckdienlichkeit geopfert. Bestes Beispiel ist das Thema der Präexistenz und Wiedergeburt, auf das ich später noch ausführlicher eingehen werde.

Wer einmal in Rom war und den Petersdom betreten hat, bekommt einen fast physischen Eindruck dieser Kirchenmacht. Die monumentale Größe dieses Gebäudes ist einerseits erschlagend und lässt den Besucher winzig und unbedeutend erscheinen. Andererseits ist sie ein historisches Zeugnis dessen, was Menschen aus ihrem Glauben heraus schaffen können.

Ein weiteres Merkmal kirchlicher Macht ist der Klerus, das Priestertum. In allen Epochen und Kulturen gab und gibt es Priester, die dem Volk Gott und Götter präsentierten und nahebringen wollen. Aber nirgendwo ist der Klerus so durchorganisiert und in hierarchischen Strukturen aufgestellt wie in der römisch-katholischen Kirche. Von oben nach unten sind Befehlsstrukturen aufgebaut worden und strikter Gehorsam in nahezu militärischer Disziplin gehört zwingend zum Priestertum.

Alles in Allem wurde nicht nur dem einfachen gläubigen Volk, sondern auch der großen Zahl der Kirchendiener ein Recht auf eigenes Denken weitestgehend versagt. Denn durch die Findung und feste Installation der Dogmen, also unumstößlicher Glaubenssätze, ist die Freiheit auf eine eigene Wahrheitsfindung in erheblichem Maße beschnitten worden. Diese von Gott jedem Menschen mit der Geburt gewährte Freiheit im Geiste ist aber für seine individuelle Evolution nötig. Wie wir jedoch aus der Geschichte wissen, konnten die Herrscher ihre Völker nicht ohne Meinungsmanipulationen lenken, und was den Kaisern und Königen Recht war, ist auch der Institution Kirche stets billig gewesen. So hat sich über die Jahrhunderte eine Organisation selbst installiert, die sogar Staatsmännern Furcht einflössen kann ob ihrer Macht, ihres Geldes und ihres Einflusses auf Milliarden Menschen.

Trotzdem wollen wir angesichts dieser Fakten die Institution Kirche nicht in Bausch und Bogen verdammen, denn sie hat ja auch im Laufe der Zeit sehr viel Gutes bewirkt. Es ist ihr zu verdanken, dass die Menschen im Christentum Halt und Hinwendung zu Gott fanden, dass die Familien in der Religion zusammenhielten und die Kinder eine Glaubensbasis für ihr Leben bekamen. Auch die vielen caritativen Leistungen der Kirche verdienen Respekt, Anerkennung und Dank. Die mannigfaltigen sozialen Einrichtungen wie Krankenhäuser, Altenheime und Pflegedienste sind feste Bestandteile in der gesellschaftlichen Wohlfahrt. Bei aller Kritik muss genug Raum sein, die Verdienste der christlichen Kirchen hervorzuheben und sie dafür ausdrücklich zu loben.

Wenn ich von der „Beerdigung Gottes" spreche, möchte ich vor allem der Frage nachgehen, was schiefgelaufen ist, wenn den Kirchen die Menschen zuhauf davonlaufen und austreten.

Ich versuche herauszufinden, warum die Institution Kirche heute offensichtlich nicht mehr attraktiv ist. Ist sie das vielleicht schon länger nicht mehr und geben die jüngsten kriminellen Vorfälle erst heute den Menschen den Rest? Ist es nicht so, dass der Glauben schon lange bröckelt, weil sich die Gesellschaft sehr stark in Richtung Selbstbestimmung und individuelle Freiheit verändert hat? Können Jahrhunderte alte Dogmen, Vorschriften und Bevormundung die modernen Menschen noch in der Kirche halten?

Die Bildung der Allgemeinheit hat im 17. und 18. Jahrhundert in Europa ständig zugenommen, vielerorts wurde die Schulpflicht eingeführt, obwohl die Bauernschaft protestierte, weil die Kinder zur Feldarbeit benötigt wurden. Im Rahmen der Aufklärung wurde der Wissenschaft und rationalem Denken mehr Gewicht gegeben und das Staatswesen wurde umgebildet. Die Industrialisierung des 19. Jahrhunderts sowie der technologische Fortschritt nach dem II. Weltkrieg im 20. Jahrhundert ermöglichten allen Menschen ungehinderten Zugang zu globalen Informationen. Das Internet schließlich ist die Krönung dieser bisherigen Entwicklung. Jedes Buch, jeder Artikel und jedes Interview können heute nachgelesen werden. Damit ist es möglich, sich so umfangreich wie noch nie zuvor um Kenntnisse und Erkenntnisse zu bemühen. Dieser Weg steht heute jedem frei, der Lesen und Schreiben kann und sich für irgendein Fachgebiet interessiert. Das bedeutet im Prinzip, dass jeder Gläubige sich ein umfassendes Bild der Meinungen, Thesen und Dogmen verschaffen kann, wenn er es denn möchte. Das ist ein ungeheurer Fortschritt der Menschheit und nicht wenige Philosophen sagen, dass jetzt die dritte Aufklärung beginnt. Als erste wird die Phase der griechischen Philosophen Plato, Sokrates und anderer betrachtet, als zweite die oben beschriebene nachmittelalterliche Phase, die maßgeblich von Frankreich ausging.

Es bleibt also die brennende Frage, ob sich der Klerus dieser Entwicklung bewusst ist und versucht, uralte Denkweisen und Strukturen zu überprüfen und abzuwägen. Dazu gehört natürlich, *das* auszusortieren, was als zu schwer befunden wird. Zu schwer im Sinne von „unverständlich" oder „unvermittelbar" für die Menschen der heutigen Zeit.

Wir wollen uns in der Folge mit einem Teil dieser Lehren genauer beschäftigen und überlegen, ob wir diese als unsere eigene Wahrheit überhaupt annehmen können oder ob wir nicht anderswo suchen müssen, wo uns jetzt alle Möglichkeiten dazu gegeben sind.

Die Kirche - Die Dogmatik

Unter einem Dogma versteht man eine feststehende Definition oder eine grundlegende Lehrmeinung, deren Wahrheitsanspruch als unumstößlich gilt.

Es gibt 245 katholische Dogmen, die den Status *de fide* (höchste Glaubensgewissheit der katholischen Kirche) besitzen (Quelle: "Grundriß der Katholischen Dogmatik" von Ludwig Ott). Wobei ich schon bei dem Wort der Glaubensgewissheit in zweifelndes Strudeln komme. Geht es hier um Glauben oder um Gewissheit? Für mich sind das zwei Wörter, die ich nicht zusammenfügen kann, weil sie doch etwas ganz anderes ausdrücken.

Diese Dogmen können in aller Ruhe auf den Internetseiten verschiedener katholischer Anbieter nachgelesen werden, es würde den Rahmen dieses Buches sprengen, im Einzelnen darauf einzugehen. Trotzdem muss man einige mal gehört haben, um zu verstehen, wie das System der christlichen Kirche aufgebaut ist.

Da sind die Dogmen über die Erbsünde schon mal hervorzuheben. Es heißt, dass wir diese Erbschuld von Adam durch Abstammung und nicht durch Nachahmung übernommen haben (D.63). Nur durch die Wassertaufe können wir davon befreit werden und diese ist für alle Menschen ohne Ausnahme zur Erlangung des Heils notwendig (D.173). Die Seelen, die im Stande der Erbsünde aus dem Leben scheiden, sind von der beseligenden Anschauung Gottes ausgeschlossen (D.66).

Der Papst, die Bischöfe und die Kirche sind in Glaubens- und Sittenlehren unfehlbar (D.142,145,147).

Durch die kirchliche Absolution werden die Sünden wahrhaft und unmittelbar nachgelassen (D.197).

Der Tod ist in der gegenwärtigen Heilsordnung eine Straffolge der Sünde (D.234). Die Seelen derer, die im Zustand der persönlichen schweren Sünde sterben, gehen in die Hölle ein (D.239). Die Höllenstrafe dauert in alle Ewigkeit (D.240).

Starker Tobak, nicht wahr?

Ich vermute, die wenigsten Katholiken haben sich mal intensiv mit diesen „Glaubensgewissheiten" auseinandergesetzt, sonst müsste es doch den Leuten angst und bange werden. Also Sünder, die ohne kirchliche Absolution den Körper verlassen, verschwinden für alle

Ewigkeit in der Hölle. Ist man jedoch ein Gerechter, geht man in den Himmel ein und kann da für immer bleiben: Die Seelen der Gerechten, die im Augenblick des Todes von aller Sündenschuld und Sündenstrafe frei sind, gehen in den Himmel ein. Die himmlische Seligkeit dauert in alle Ewigkeit (D.236,237). Die Seelen der Gerechten, die im Augenblick des Todes noch mit lässlichen Sünden oder zeitlichen Sündenstrafen belastet sind, gehen in das Fegefeuer ein (D.241).

Am Ende der Welt wird Christus in Herrlichkeit wiederkommen zum Gericht (D.242). Alle Toten werden am Jüngsten Tage mit ihren Leibern wieder auferstehen (D.243). Christus wird nach seiner Wiederkunft alle Menschen richten (D.245).

So weit, so gut – oder so schlecht!

Als ich das erste Mal diese 245 Dogmen gefunden und gelesen habe, sind mir zwei wesentliche Aspekte aufgefallen: Schuld und Sühne. Die Schuld wird vom Dogma auferlegt und entweder durch ein anderes Dogma getilgt, oder aber die Sühne wird per Dogma definiert, sozusagen als Strafmaß. Alles aus einer Hand. Kommt weitere Schuld im Leben dazu, kann sie quasi per göttlicher Lizenz durch die

Absolution aufgehoben werden. Nirgendwo wird erwähnt, was mit den Nächsten, die durch mich als Täter und meine Schuld zu Opfern wurden, geschieht. Es ist ganz einfach, die Kirche nimmt uns die Verantwortung ab und kümmert sich um unsere Schuld.

»Wem ihr die Sünden vergebt, dem sind sie vergeben; wem ihr die Vergebung verweigert, dem ist sie verweigert«, heißt es bei Johannes 20,23.

Dieser Satz von Jesus wurde mit Absicht von der Kirche so übersetzt, dass sie für sich die Macht der Absolution beanspruchte. Damit hat sie die Menschen von sich abhängig gemacht und im Prinzip den Marterpfahl jenes Glaubens in unser Fleisch getrieben, dass wir nur durch ihre Gnade die Vergebung und damit das Himmelreich und die Gemeinschaft mit Gott nach dem Tode erreichen könnten.

Ein anderer Schuh wird aber daraus, wenn wir diesen Satz so verstehen, dass nur *der* Täter von seinen Sünden im Himmel als befreit gilt, dem sein Opfer verzeiht. Das heißt natürlich auch, dass wir eine sehr große Verantwortung unserem Mitmenschen gegenüber haben, der uns ein Leid angetan hat. Wenn ich meinem Nächsten nicht verzeihe, bleibt die Schuld bei ihm und er nimmt sie mit in die jenseitige Welt. In der derzeitigen, unseligen Missbrauchsdebatte fällt auf, dass es den Männern der Kirche schwerfällt, ihre Opfer um Verzeihung zu bitten. Sie können offensichtlich aus ihrer theologischen Systematik heraus nicht erkennen, wie wichtig die Vergebung durch die Opfer für ihr jenseitiges Seelenheil ist. Andererseits wird auch durch das Unterlassen der Bitte um Vergebung vielen Opfern versagt, diese zu vollziehen. Damit wird den grausam Geschädigten auch noch *ihr* Heilsweg versperrt, denn erst durch die Vergebung können die Wunden der Tat vernarben.

„Zu verzeihen, bedeutet, einen Gefangenen zu befreien und zu entdecken, dass du der Gefangene warst." So sagte mein indischer Lehrer.

Es wird uns also nicht nur unsere Freiheit im Denken durch die Dogmen verwehrt, sondern auch die Verantwortung gegenüber Gott und unseren Nächsten abgesprochen. Die in den Dogmen überwiegend abgebildete Selbstgefälligkeit der Kirche hat sich über die Jahrhunderte zu einer gemütlichen Selbstüberschätzung des Klerus entwickelt, die zu einer geistigen Trägheit und Verwahrlosung geführt hat. Nicht anders kann man die heutige Krise der

Kirche deuten. Dabei möchte ich ausdrücklich die unzähligen Priester, Pfarrer, Seelsorger und christlich engagierten Laien in allen Bereichen kirchlichen Wirkens ausnehmen, die guten und reinen Herzens ihren Dienst bis zur Erschöpfung leisten. Ihnen wird durch die Krise von oben ständig mehr aufgebürdet und abverlangt, ohne dass sie eine Möglichkeit auf Besserung in Aussicht haben.

Bemerkenswert und für mich fundamental ist das Verhältnis der Kirche zum Tod. Ein Jenseits und ein Weiterleben nach dem Tod kommt in den Überlegungen nicht vor. Wie wir in den Dogmen gelesen haben, wird von den Seelen im Gegensatz zu den Toten gesprochen. Die Seelen der Gerechten gehen entweder in den Himmel ein oder für eine gewisse Zeit ins Fegefeuer, die Seelen, die mit schwerer Schuld oder Erbsünde belastet sind, für immer in die Hölle. Die Toten bleiben liegen, bis Christus am Jüngsten Tag zum Gericht erscheint und alle in ihrem Körper wieder auferstehen.

Fragt man fünf katholische Priester, was nun wirklich nach dem Tod mit einem passiert, bekommt man wahrscheinlich fünf verschiedene Antworten. Niemand weiß etwas Genaues und es bleibt den Gläubigen nur der Spruch: „Ruhe in Frieden". Was heißt das jetzt, für wie lange?

Meistens ja nur bis das Grab aufgelassen wird, weil niemand mehr da ist, der die Miete zahlt. Dann kommt der Bagger und ebnet es ein. Die Ruhezeit ist damit je nach Friedhof bei einer normalen Erdbestattung im Sarg nach circa 20-40 Jahren zu Ende. Wo bleibt man dann bis zur Auferstehung? Das habe ich mich immer gefragt und nie eine schlüssige Antwort gefunden.

Gerade das Thema Tod ist ein wichtiger Schlüssel, um das Leben zu verstehen. Wir werden später noch darauf eingehen.

Mein persönliches Fazit aus den Dogmen ist, dass die Kirche wenig bis nichts über das Jenseits, also den Himmel und die Hölle weiß, was sie uns plausibel vermitteln könnte. Diese Lokationen sollen der endgültige Verbleib nach diesem Leben sein und nur mein Verhältnis zur Kirche entscheidet letztendlich darüber, wo ich hinkomme. Vielen Dank – ich kann selber denken!

Wer jetzt glaubt, dass die Dogmen eine rein katholische Angelegenheit seien, dem sind wahrscheinlich nicht die 4 soli (lat. solus = allein) der Reformation bekannt. Diese theologischen Glaubensgrundsätze lauten wie folgt:

- sola gratia: Allein durch die Gnade Gottes wird der glaubende Mensch errettet, nicht durch seine Werke.
- sola fide: Allein durch den Glauben wird der Mensch gerechtfertigt, nicht durch gute Werke.
- sola scriptura: Allein die Schrift ist die Grundlage des christlichen Glaubens, nicht die kirchliche Tradition.
- solus Christus: Allein die Person, das Wirken und die Lehre Jesu Christi können Grundlage für den Glauben und die Errettung des Menschen sein.

Betrachten wir diese Grundsätze der reformierten Kirche, müssen wir als erstes mal wieder glauben. Auch hier wird uns nicht zugemutet, unseren Verstand und unser Herz benutzen zu können.

sola gratia: meine Werke sind also egal, Hauptsache ich glaube, dann errettet Gott mich durch Seine Gnade. Von persönlicher Verantwortung für meine Taten ist hier keine Rede. Man könnte den Satz aber auch anders verstehen: Sind hier Gottes Werke gemeint, wäre der Sinn abwertend gegen Seine Werke und noch unverständlicher.

sola fide: nur wenn ich glaube, bin ich gut. Wen juckt´s, was ich sonst mache.

sola scriptura: die gesamte Wahrheit der Schöpfung steht in der Bibel. Die kirchliche Tradition wird von den Reformern selbstverständlich nicht als Basis angesehen, mit gutem Grund.

solus Christus: das ist klar von den Katholiken abgeschrieben, die sich ebenfalls allein auf Jesus Christus als Gründer ihrer Kirche berufen. Von Gott als Ursprung allen Seins wird hier überhaupt nicht mehr gesprochen.

Wieder fällt auf, dass das Wort Glauben die höchste Priorität hat. Ohne Glauben geht hier auch nichts. Wieder ist der Mensch nur in seiner Beziehung zur Kirche, die ja den Glauben hütet, auf rechten Pfaden. Die Eigenverantwortlichkeit für sein Leben wird ihm gar nicht zugestanden.

Damit spricht man uns die Möglichkeit ab, eine eigene Gottesbeziehung aufzubauen. Ich meine eine solche, die aus einem eigenen Erkenntnis- und Reifeprozess entstanden und gewachsen ist.

Stell dir vor, du solltest eine Person lieben, die man dir nur beschrieben hat und die du selbst noch nicht mit deinen Sinnen erkannt hast. Wie soll das gehen? Würdest du den anderen einfach glauben und die fremde Person ungesehen heiraten oder würdest du lieber diese Person vor der Hochzeit kennenlernen?

Der Vergleich hinkt natürlich, da Gott keine Person in dem Sinne ist, sondern die Quelle und das Zentrum des Universums, der Urheber von „Alles-Was-Ist" und die Urkraft, die alles Lebendige durchströmt und bewegt.

Trotzdem ist es möglich, in diesem unserem Körper Erfahrungen über die Präsenz Gottes zu machen und ich werde Methoden dazu noch erklären.

Die Dogmen jedenfalls sind für die Kirche in heutiger Zeit mehr Ballast als Leitstrahl und sie bedürfen einer dringenden Reform, damit sich die Kirche wieder den Menschen zuwenden kann und aus ihrem selbstgefälligen goldenen Käfig entfliehen kann.

Esoterik

Mein Leben nach der Pubertät verlief so, wie es den meisten Menschen geschieht.

Es gibt 3 Phasen im Leben eines Menschen:

- In der ersten Phase wirst du geprägt,
- in der zweiten lebst du die Prägung,
- in der dritten entscheidest du, was von der Prägung noch für dich gilt und was du für dein künftiges Leben nicht mehr brauchst.

Viele Menschen erleben Phase drei überhaupt nicht, weil sie die Prägungen bis zum Tode weiterleben. Das ist auch in Ordnung so, denn Gott gab jedem Menschen den freien Willen. Mit Prägungen sind die Vorbilder und Lehren gemeint, die uns von Eltern, in der Schule und von der Kirche vermittelt werden und wonach wir uns ausrichten.

Ich habe die Phase zwei mit den Prägungen relativ lange durchlebt. Mein berufliches Vorankommen und die Zusammenarbeit mit meinen Eltern im eigenen Geschäft bescherte mir sehr glückliche Zeiten. Mit 29 heiratete ich, wir bekamen aber keine Kinder. Meine Interessen im spirituellen Bereich liefen eher so nebenbei.

Geht es dir gut und hast du keine Lebenskrise, kann das Thema Gott und die Welt schon etwas beiseite driften, wer kennt das nicht.

Im Jahr 1989 hatte ich einen schweren Autounfall und binnen weniger Wochen starb meine Mutter nach einer Hüft-OP an Herzproblemen. In den nächsten zwei Jahren verdunkelte sich für mich und meine Frau unser Alltag, denn es spitzten sich die Konflikte innerhalb des Familienunternehmens zu. In dieser Zeit der Krise fand ich Zugang zu einer neuen Welt, der Esoterik. Neben dem Hintereingang zu unserem Laden gab es einen kleinen Esoterikshop, der von einer sehr netten und liebenswerten älteren Dame geführt wurde. Da gab es jede Menge zu entdecken. Neben Steinen, Pendeln und Ruten, Klangschalen und Räucherwerk gab es natürlich jede Menge Bücher. Immer öfter betrat ich das kleine Lädchen und Heide, die Inhaberin, sah mir wahrscheinlich an, was ich an Sorgen und Lasten mitbrachte. Natürlich konnte ich ihr nichts von den internen familiären Problemen erzählen, aber sie hat mich in den Gesprächen stets so erkannt, dass sie mir passende Bücher empfehlen konnte. Eines Tages sagte sie mir, dass nächste Woche ein Medium zu ihr kommen würde und dass ich einen Termin bei diesem Medium buchen könnte. Das war für mich natürlich etwas völlig Neues und ich hatte ehrlich gesagt auch Bedenken, ob ich mich darauf einlassen sollte. Auf der anderen Seite war meine Not groß und mir war jetzt auch egal, was die Kirche dazu sagen würde.

Ich erinnere mich an die Begegnung mit dem Medium noch wie heute, obwohl es jetzt rund 30 Jahre her ist. Meine Erwartung war, auf einen alten Mann oder eine alte Frau zu treffen, aber das Medium war eine recht junge, bildschöne Frau. Ich setzte mich an einen Tisch ihr gegenüber und durfte 3 Fragen stellen, die ich vorbereitet hatte.

Das Medium ließ einen Cassetten-Rekorder mitlaufen, um das Gespräch aufzuzeichnen. Die Cassette durfte ich später mitnehmen. Was ich im Laufe der Sitzung erlebt habe, hat mich sehr stark erschüttert und ich merkte, dass es da noch sehr viel mehr gab im Leben, als ich es bislang erfahren hatte. Diese junge Frau beantwortete meine Fragen so, dass ich aus dem Staunen nicht mehr rauskam. Sie schien mich in- und auswendig zu kennen, meine aktuelle Lebenssituation und meine Gefühlslage schienen wie ein Buch vor ihr zu liegen, aus dem sie ablesen konnte. Wir saßen uns mit geschlossenen Augen gegenüber. Ich hatte die junge Frau zum ersten Mal in meinem Leben gesehen und auch Heide nie ein Wort über mich oder meine Situation erzählt, die das Medium jetzt vor mir ausbreitete. Sie sprach mit der Stimme eines sehr alten Mannes und benutzte Worte und Sätze, die im 20. Jahrhundert so nicht gebräuchlich waren. Dieses Wesen, das durch sie sprach, so will ich es nennen, hatte über Alles und Jedes Kenntnis von mir. Es erwähnte, dass ich schon sehr oft gelebt habe und ein „rechtes Raubein" gewesen sei. Auch zur aktuellen Situation und zu Ursachen meiner familiären Probleme kamen völlig zutreffende Aussagen.

Ich weiß bis heute nicht genau, was bei diesem Treffen wirklich geschehen ist, aber ich war mir sicher, dass es Phänomene gibt, die wir mit unseren normalen Sinnen nicht erkennen und verstehen können. Man kann es übernatürlich oder metaphysisch nennen, das ist egal. Aber mir wurde auch klar, dass der Umgang mit diesen spektakulären mystischen Vorgängen nicht einer Kirche oder den Priestern alleine vorbehalten ist, sondern dass sich praktisch jeder damit auseinandersetzen kann und manches sogar selbst erlernen darf. Das war völliges Neuland für mich und ich nahm mir vor, mich tiefer mit der Esoterik zu beschäftigen.

Als die Situation in der Familie und im Unternehmen immer unerträglicher wurde und mein Vater mich aus heiterem Himmel ohne für mich erkennbaren Grund enterbte, war für mich der Punkt erreicht, meine Konsequenzen zu ziehen und die Firma zu verlassen. Bald nach der Abwicklung meines finanziellen Ausgleichs zogen meine Frau und ich nach Norddeutschland, wo wir uns eine neue Existenz aufbauen wollten. In dieser für mich sehr schweren Zeit halfen mir viele wertvolle Bücher, denn ich wollte herausfinden, wer ich überhaupt bin, warum ich diese heftige Krise durchlaufen musste und wie mein weiterer Lebensweg aussehen könnte. Aus heutiger Sicht würde ich sagen, dass ich damals in der oben beschriebenen Phase 3 meines Lebens angekommen war. Was konnte ich noch weiter aus meinen Prägungen ins künftige Leben mitnehmen? Meine heile Welt der Familie, wie ich sie immer gerne gesehen hatte, lag in Trümmern. Auch die Beziehung zu meiner Frau stand auf einmal auf dem Prüfstand und ich merkte, dass ich zwar einen wunderbaren Menschen geheiratet hatte, aber überhaupt keine Ahnung von einer liebevollen Ehe hatte. Ein paar Jahre später trennten wir uns auf meinen Wunsch, weil ich damals keinen anderen Ausweg mehr sah.

Nach der Scheidung von meiner ersten Frau, die ich kirchlich geheiratet hatte, war mir klar, dass sich mein Weg aus der katholischen Kirche nicht mehr aufhalten lassen würde. Denn auch in diesem Punkt zählt die Eigenverantwortung der Gläubigen nicht, sondern nur das kanonische Recht, wonach eine Scheidung nicht möglich ist. Dabei wird dann stets behauptet, dass Gott das so will und man bezieht sich auf Bibelzitate von Jesus, die als Begründung dogmatisch zementiert werden.

Zu diesem Zeitpunkt hatte ich endgültig verstanden, dass mir die Kirche keine weitere Hilfe mehr auf meiner spirituellen Suche geben konnte. In meinem Innersten fühlte ich, dass ich Gott nicht mit meinem Tun und der Scheidung beleidigen konnte, sondern dass eine Trennung unserer Leben für jeden ein Schritt in eine weitere, unabhängige Entwicklung war.

Es folgte bald darauf eine zweite Ehe, die aber auch nur 7 Jahre hielt und dann geschieden wurde.

In dieser Zeit erinnerte ich mich an das Medium, welches mir gesagt hatte, dass ich mich nicht in den Büchern „ertränken" sollte, sondern Übungen wie Yoga oder ähnliches praktizieren solle. Meine Interessen führten mich zu

Besuchen bei Seminaren mit Familienstellen nach Bert Hellinger und zur Ausbildung in Reiki nach Dr. Mikao Usui. Ich lernte, immer mehr den Weg nach innen zu suchen. Der katholische Theologe Karl Rahner hat einmal gesagt: „Der Weg nach innen ist der schwerste!"

In der Esoterik fand ich endlich Antworten auf meine vielen Fragen nach dem Sinn des Seins, nach Gott und dem Gefüge seiner Schöpfung. Nach meinem Kirchenaustritt fühlte ich mich als „Neuheide" erstmals frei auf meiner ganz persönlichen Suche nach Gott.

Es ist mir absolut verständlich, warum sich die Kirchen so vehement gegen die Esoterik sträuben. Bietet doch diese Strömung den Menschen die Möglichkeit der persönlichen, freien Entwicklung und Entfaltung ihres seelischen Potenzials an, ohne Glaubenszement.

Natürlich möchte ich hier nicht vergessen zu erwähnen, dass mir auch unangemessene und unangenehme Dinge bei meinen Exkursionen in die esoterische Welt begegnet sind. Vielen lieben Mitmenschen, die sich schon länger auf dem Esoterik-Markt tummeln, scheint die nüchterne Einschätzung zu fehlen, dass ein Mensch im materiellen Zustand auf der Erde noch kein Heiliger oder Engel sein kann. Da laufen viele „Erwachte" und gar „Erleuchtete" rum, die sich bei genauerem Hinsehen als aufgeblasenes Ego darstellen und nur vor ihren Mitmenschen glänzen wollen. Da ist auch nicht Gott das Zentrum allen Strebens, sondern die eigene Wirkung und oftmals auch das eigene Portemonnaie. Gerade in der Einheits-Bewegung, die heute bei den Esoterikern in aller Munde ist, besteht häufig die Auffassung, dass wenn wir mit Gott eins sind, wir Ihm auch „auf Augenhöhe" begegnen könnten. Meiner Meinung nach ist das eine völlige Fehlinterpretation von Oneness (engl. = Eins-Sein). Wenn der Mensch sich auf einer Stufe mit Gott wähnt, hat er für mich endgültig den Überblick verloren und keinen Respekt mehr vor der Höchsten Quelle des Universums. Der Mensch ist ja gerade deshalb noch als Mensch auf dem Planeten inkarniert, weil er bislang nicht so weit entwickelt ist, um ständig in der geistigen Welt leben zu können und auch nur annähernd in die Nähe der Göttlichen Kernschmelze zu gelangen. Eins-Sein ist nach meiner Meinung ein Ausdruck dafür, dass alles aus Gott stammt und in Ihm und durch Ihn lebt, alles ist vom Höchsten zum Niedrigsten von Ihm durchdrungen. Ja, natürlich könnte man sagen: Alles ist Göttlich! Diese Tatsache darf man aber nicht dazu benutzen, unterschiedliche Stufen der

Schöpfung und der Evolution in ihrer Bedeutung einfach zu leugnen.

Zum Teil kommt der schlechte Ruf der Esoterik als weltweiter Strömung sicherlich davon, dass sich unter diesem Begriff durch das Interesse und die Nachfrage der Menschen auf ihrer Suche ein eigener, wirtschaftlicher Marktplatz entwickelte.

Die überwiegende Mehrheit der Menschen, die sich im Feld Esoterik bewegen, sind jedoch zumindest mit dem guten Willen ausgestattet, ihren Nächsten Einsichten zu vermitteln und ihnen bei Krisen weiterzuhelfen.

An dieser Stelle möchte ich dich ermutigen, auf deiner Suche die Angebote zu nutzen, die dir begegnen, wie z. B. die esoterische Abteilung deiner Lieblingsbuchhandlung, Bewusstseins-Seminare, Esoterik-Messen etc. Dennoch rate ich dringend dazu, den normalen Verstand, den du im Alltag stets für dein Vorankommen benötigst, auch hier zu gebrauchen. Leute, die dir die Zukunft voraussagen, die dir die Karten legen oder die dir in irgendeiner Weise sagen, du solltest jetzt dies oder jenes tun, weil das die Lösung aller Probleme für dich ist, sind mit Vorsicht zu genießen. Prüfe stets, wenn Fremde dich zu etwas veranlassen wollen oder in dein Leben eingreifen. Frage vorher nach dem Preis und überlege dir gut, ob du dich auf das Angebot einlassen möchtest.

Spiritualität

Spiritualität unterscheidet sich für mich ganz grundsätzlich von Religion.

Religiöser Fundamentalismus ist das stärkste, massivste, allerdings meist auch attraktivste und faszinierendste, die Massen am meisten einnehmende und einfangende Motiv, weswegen jede Machtpolitik stets bedacht sein wird, eine Religion oder Konfession für ihre Ziele einzuspannen. Kein Zufall, dass der römische Kaiser Konstantin das immer stärker werdende Christentum zur Staatsreligion machte, obwohl er zu dem Zeitpunkt selbst noch kein Christ war. Je massiver selbst ein aus an sich nichtreligiösen Quellen entstammendes Herrschaftssystem wird, je rücksichtsloser es seine Ziele zu erreichen sucht, umso deutlicher werden seine religiösen Züge. Es stellt sich immer mehr dar als das einzig wahre und gute, unfehlbare und alleinseligmachende System. Insofern ist auch die Vitalität, mit der es auftritt, kein Kriterium für seine Wahrheit. Im Gegenteil: je vitaler, desto schlimmer!

Der Nutzen von Religion liegt für die Herrschenden darin, dass sie sich auf eine unangreifbare höhere (höchste) Autorität berufen können. Wer religiös geprägt ist, der glaubt leicht an unbedingte Legitimität von Obrigkeit – es ist ein vertrautes Muster.

Ich behaupte, der Unterschied zur Spiritualität liegt darin, dass Religion die Übernahme von Konzepten, Gewohnheiten, Gesetzen und Glaubensstrukturen Anderer beinhaltet. Diese behaupten, im Besitz der alleinigen Wahrheit zu sein und fühlen sich deshalb im Recht, über bestimmte Lehrsätze den Anhängern eigenes Denken und Selbstverantwortung zu nehmen. Spiritualität ist hingegen das persönliche Erfahren des Menschseins in allen Richtungen und in jeder Hinsicht mit der größtmöglichen Wachstumschance, bis hin zur Erkenntnis und Erfahrung des Göttlichen. Die echten spirituellen Lehrer erkennt man daran, dass sie ihre Schüler stets dazu auffordern, ihren eigenen Weg zu finden und ihnen nicht als Idol bedingungslos zu folgen. Wahre indische Gurus schicken ihre Anhänger nach einiger Zeit weg, damit sie selbständig Erfahrungen sammeln können und nicht im Ashram kleben bleiben.

Religion und Spiritualität schließen einander nicht aus, sondern können sich sogar gegenseitig sehr intensiv dienen, allerdings werden die festzementierten Glaubenssätze der Religionen bei einem spirituellen Wachstum durch den Weg der Erkenntnis immer unbedeutender. Letztendlich erkennt der spirituelle Pilger auf seinem Weg die Gemeinsamkeiten aller Religionen und erfreut sich daran, weil alle Wege schließlich zum göttlichen Ziel führen. Der religiöse Ballast, nämlich die von Menschen für Menschen gemachten Konzepte, starren Strukturen und Dogmen, wird mehr und mehr abgeworfen zugunsten der wachsenden Erkenntnis des Heilsweges, welches in Erwachen und Erleuchtung mündet, um schließlich die Göttlichkeit im aktuellen körperlichen Dasein zu erfahren. Statt sich von Gott getrennt zu fühlen und daran zu leiden, erfährt der Mensch sich als Teil des Gesamten, des All-Eins-Seins. Spiritualität ist gelebte Menschlichkeit, bewusstes Denken und Handeln im Sinne von Einssein mit allem was ist. Erst wenn wir erkennen, dass alles aus einer einzigen großen Quelle schöpft, die alles belebt und durchdringt, wenn wir neugierig werden und uns mit dieser Quelle näher beschäftigen, um mit ihr in Verbindung zu treten, sie vielleicht sogar zum Zentrum unseres Seins machen möchten, erst dann betreten wir den Pfad der Spiritualität. Auffällig ist, dass in den letzten Jahren auch im kirchlichen Sprachgebrauch das Wort Spiritualität mehr und mehr Einzug gehalten hat, obwohl es gerade der Kirche generell an der Fähigkeit mangelt, spirituelle Erkenntnisse verständlich zu vermitteln.

Spiritismus

Schon im 19. Jahrhundert kam in Europa der Spiritismus (lat. spiritus = Geist) auf, wo von medial begabten Menschen Geister bzw. geistige Wesenheiten befragt wurden. Durch die Kontaktaufnahme zu nicht in physischer Form existierenden Wesen wurde eine jenseitige Welt erschlossen, die neue Einblicke in wichtige Zusammenhänge der Schöpfung und des Lebens erlaubten. Besonders hervorzuheben ist die Arbeit von Allan Kardec, in dessen „Buch der Geister" über 1000 Fragen zum Sein beantwortet werden. Auch hier wie bei allen Informationen ist stets darauf zu achten, was das eigene Herz als Wahrheit annimmt. Die Bücher von Allan Kardec werden heute noch im Buchhandel angeboten, weil sie zum klassischen esoterischen Studium gehören und entsprechend nachgefragt werden. Das Neue für mich war, dass hier von einer belebten geistigen Welt die Rede ist. Geistige Wesen geben Aufschluss über ihr Leben. Das Sein wird als fortlaufender Prozess, als Entwicklung und Reifung beschrieben. Jede Frage wird beantwortet und meistens auch so, dass ich sie verstehen konnte. Das Buch der Geister von Allan Kardec war für mich ein Meilenstein auf meiner Suche und unterstützte mein Vorhaben, noch tiefer in meine eigene Wesenheit vorzudringen und mein Potenzial noch besser auszuloten als bisher. Immer mehr gewann ich die Überzeugung, dass Gott uns alle Freiheiten gegeben hatte, damit wir in unserer Entwicklung ständig näher zu Ihm gelangen konnten, und zwar mit dem Herzen, unserem Zentrum, und nicht mit einem zwanghaften Glauben im Verstand, der niemals ins Herz gelangen konnte.

Die hermetischen Gesetze

Über Kurt Tepperwein und sein Buch „Die Geistigen Gesetze" kam ich zu den Natur- und Schöpfungsgesetzen, die alles in Balance halten und ewige Gültigkeit besitzen. Auf diesen Gesetzen ist die Schöpfung aufgebaut, sie gelten für alles, was lebt. Niemand steht außerhalb dieser Gesetze, deshalb ist es gut, sie zu kennen. Die geistigen Gesetze werden auch als „Hermetische Gesetze" bezeichnet, was auf Hermes Trismegistos zurückführt, eine frühgeschichtliche Legendengestalt aus der griechisch-ägyptischen Mythologie. Das Studium der Geistigen Gesetze ist recht umfangreich, weil es manchmal einiger Vergleiche im materiellen Leben bedarf, um sie zu erkennen und mit dem praktischen Alltag in eine Beziehung zu bringen. Deshalb empfehle ich bei Interesse die einschlägige Literatur dazu (z.B. das Kybalion).

Die Hermetischen Gesetze lauten:

**1. Alles Materielle ist
vom Geiste geschaffen.**
Das All ist reiner Geist und das
Universum ist geistig.

2. Das Gesetz der Entsprechung.
Wie oben, so unten.

3. Das Gesetz der Polarität.
Jedes Teil hat ein Gegenteil.

4. Das Gesetz der Schwingung.
Alles ist in Bewegung.
Stillstand ist unmöglich.

5. Das Prinzip des Rhythmus.
Alles schwingt.

**6. Das Gesetz von
Ursache und Wirkung.**
Jede Wirkung hat ihre Ursache.

7. Das Prinzip des Geschlechts.
Zu jedem Ding gibt es eine Ergänzungshälfte,
die aus beiden ein Ganzes macht.

Für den Interessierten ist die Beschäftigung mit diesen Gesetzen ein wahrer Quell der Erkenntnis und führt zu einem umfangreicheren, bewussteren Wahrnehmen der Wirkkräfte im Universum und damit auch zu mehr Klarheit über das Zusammenspiel dieser Kräfte im Leben. Die Gesetze weisen auf eine Gerechtigkeit jenseits von Konvention und Moral hin und zeigen einen kosmischen Plan auf, der neue, ungeahnte Möglichkeiten zur Lösung unserer Probleme bietet, wie uns Kurt Tepperwein erklärt.

Eine wirklich faszinierende Beobachtung, die ich machen konnte, als ich mich mit den Gesetzen intensiver befasst habe, war diese, dass mir eigentlich logische Dinge und Abläufe im Leben klar wurden und ich mein Handeln mit der Zeit immer besser nach ihnen ausrichten konnte.

Andere Kulturen

In den mittleren Jahren meines Lebens reiste ich oft und viel in ferne Länder. Je weiter die Destination weg war, umso lieber war sie mir. Nord- und Südamerika, Asien, Papua-Neuguinea und Indien wurden bereist und ich traf viele Nicht-Christen, die ja auch mit der Erbsünde belastet waren, allerdings ohne Taufe nach dem Tod in der Hölle schmoren würden – allein, sie wussten nichts davon und lebten fröhlich ihr Leben. Stattdessen sah ich aber Tempel und Stätten heiliger Gebräuche, wo diese Menschen in unterschiedlichster Weise Gott huldigten und zu Ihm beteten. Mir waren ihre Rituale seltsam vertraut und berührten mein Herz, auch wenn ich kein Wort verstanden habe. In Asien haben die meisten Menschen einen Hausaltar, da werden Kerzen und Räucherwerk sowie Essen geopfert. Wie die Götter aussahen oder wie sie hießen, war mir „gleich - gültig". Ich bewunderte die Hingabe und Inbrunst, mit der die Leute zu ihren Gottheiten in Beziehung gingen. Das sollten „Heiden" sein, die das Himmelreich nicht verdient hatten? Nein, diese Bezeichnung hatten diese Menschen nicht verdient. Ich lernte auf meinen vielen Reisen dieses:

**Es gibt keine Ungläubigen,
nur Andersgläubige.**

Während der Asien-Reisen kam ich dem Buddhismus näher und lernte viele Aspekte dieser Kulturen sehr schätzen. Ein Beispiel, was mich sehr berührt hat, waren die Mönche, die morgens vor Sonnenaufgang mit ihren Speisebehältern schweigend vor den kleinen Garküchen in der Menschenschlange geduldig warteten und ihre Essensspende in Empfang nahmen. Nachdem sie selbst gegessen hatten, verteilten sie die Reste an die Armen.

Die vielen Tempelanlagen und imposanten Monumente, die ich besucht habe, brachten mich zu der Überzeugung, dass auch die Menschen in anderen Kulturen alle Anstrengungen unternommen hatten, Gott mit den Bauwerken zu ehren. Damals war in meinen Augen ein Kreis geschlossen und eine Gemeinsamkeit mit dem Streben und Werken unserer Kirchenbaumeister vergangener Zeiten erkannt: die Menschen mögen sehr verschieden sein und ihren Göttern unterschiedliche Namen geben, aber als Rasse ist der Mensch in seinem Inneren gleich aufgebaut und den gleichen Gesetzen unterworfen. Er strebt nach Gott und einem Leben in Seiner Gemeinschaft. Das tröstete mich sehr auf meiner Suche und ich wurde sicherer, dass ich mich auf dem Weg befinden würde. Egal wie dieser Weg verlaufen würde, er würde Reife und Wachstum zur Folge haben müssen.

Weder Buddhismus noch Hinduismus sind hierarchisch strukturiert, es gibt keine überspannenden Kirchen mit Weisungsmacht, sondern die Menschen sind frei im Glauben. Während der Hinduismus eine Religion mit mehreren Millionen Göttern (!) ist, verzichtet der Buddhismus völlig auf ein Gottesbild.

Der Hinduismus ist die älteste überlieferte Religion der Erde, die heute noch besteht und reicht nach indischem Verständnis etwa 7000 Jahre zurück, als die ersten Überlieferungen der Veden aufkamen, die später schriftlich erfasst wurden. Die vielen Götter Indiens werden gerne von Indern mit einem Schmunzeln erklärt: für einen Gott gibt es bei so vielen Menschen (ca. 1,37 Milliarden Inder) so viel zu tun, dass es viele weitere Götter geben muss, die sich um die Alltagssorgen der Leute kümmern. Damit erklärt sich auch, dass fast jedes Dorf in Indien andere Götter in seinem Tempel verehrt als das Nachbardorf.

Aus dem Hinduismus entstand ca. 600 Jahre vor Christus der Buddhismus. Allgemein wird

Siddharta Gautama als Stifter dieser „Weltanschauung" gesehen, denn ohne Gottesbild wird der Buddhismus genau genommen nicht als Religion anerkannt. Dennoch wird er allgemein als eine der 5 großen Weltreligionen aufgeführt. Der deutsch-schweizerische Dichter Hermann Hesse hat die Lebensgeschichte von Siddharta Gautama und seinen Weg zum Buddha (= der Erwachte, der Erleuchtete) in einer wunderbaren Erzählung beschrieben.

Das wesentliche Element beider Strömungen, Hinduismus und Buddhismus, ist die Überzeugung, dass der Mensch häufiger als einmal lebt, also nach dem Tode in ein Jenseits oder eine Zwischenwelt gelangt, wo er in einer körperlosen Form weiterlebt und dort auch geistige Erfahrungen machen kann. Je nach Bewusstseinszustand entsteht irgendwann der Wunsch, eine neue körperliche Identität anzunehmen, um weitere Erfahrungen als Mensch auf dem Planeten Erde zu erringen. Dieser Kreislauf von Werden und Vergehen und wieder Werden zieht sich über Äonen und unzählige Wiedergeburten, bis der Reifeprozess auf der Erde in einem fleischlichen Körper durch die Erleuchtung abgeschlossen ist und weiteres Wachstum in anderen Sphären folgen kann.

Endziel allen Strebens ist die Verschmelzung mit dem Zentrum allen Seins.

Auch ich bin einer der vielen Gottsucher, die besonders in Indien nach Antworten auf ihre spirituellen Fragen gesucht haben. Meine Reisen dorthin haben mir mancherorts ungeahnte Erlebnisse und Erfahrungen geschenkt und damit in mir, meinem Herzen und meiner Seele, viele Tore geöffnet. Einmal war ich frühmorgens nach Sonnenaufgang auf einer Hauptverkehrsstraße unweit des Ortsausganges unterwegs, um Fotos zu machen. Im Straßengraben lag eine blaue Lkw-Plane, der ich zunächst keine Beachtung schenkte. Plötzlich bewegte sich etwas unter der Plane und bald darauf krabbelte ein dünnes Männchen, nur mit einem schmutzigen Fetzen als Lendenschurz bekleidet, hervor. Der Mann sprang mit einem breiten Grinsen auf mich zu und rief: „I am Amal, who are you? Where are you from?". Offensichtlich freute er sich total, einen Westler zu sehen. Der Mann hatte nichts, schlief unter einer Plane im Straßengraben und war um diese Zeit schon die Lebensfreude pur. Dieser Mensch wusste sicher an diesem Morgen noch nicht, ob er über den Tag etwas zu essen haben wird und wo er sich am Abend zum Schlafen hinlegen kann, begegnete mir aber anscheinend völlig sorgenfrei, freundlich und fröhlich. Das hat mich sehr beeindruckt und ich wollte erfahren, was hinter diesem Gottvertrauen steckt, denn anders konnte ich mir sein Verhalten nicht erklären. Nur mit Gottvertrauen und in der absoluten Sicherheit, dass einem nichts geschehen kann und auch der Tod nicht schrecklich und keinesfalls ein Ende ist, sind Lebensumstände wie diese mit Lächeln, Fröhlichkeit und Freundlichkeit gegenüber dem Nächsten zu ertragen.

Diese Begebenheit ist ein Beispiel für eine weit verbreitete indische Mentalität, die einem allerorts begegnet. Natürlich gibt es mittlerweile auch andere Strömungen, die massive Veränderungen im sozialen Miteinander bringen. Durch die Verbreitung des TV bis in die hintersten Dörfchen auf dem Land ist die westliche Gier nach Konsum auf dem Vormarsch und viele internationale Multikonzerne entdecken gerade den indischen Absatzmarkt für sich, was bei 1,37 Milliarden Menschen natürlich nicht verwunderlich ist.

Trotzdem gibt es noch weitestgehend eine tiefe Gläubigkeit der Hindus, die sich im Alltag und im Umgang miteinander erleben und greifen lässt. Im Westen wird gerne auf die Armut und das Kastenwesen verwiesen, wenn man über Indien spricht und westliches Denken möchte gerne Indien von diesen „Fehlentwicklungen" befreien. Aber dass dieses riesige Land mit seiner unglaublichen Einwohnerzahl trotzdem oder vielleicht gerade deshalb so gut funktioniert, wird gerne übersehen.

Die abwertende Betrachtung der indischen Kasten geschieht deshalb, weil wir aus unserer christlichen Sicht versuchen, die Menschen möglichst gleichzustellen, da wir nur das für human und gerecht halten. Dabei wird die uralte und grundsätzliche Erkenntnis von Individualität und Entwicklungsfortschritt jedes einzelnen Menschen völlig außer Acht gelassen.

Die Hindus sehen das in der Regel jedoch völlig anders und nehmen das Schicksal ihrer Geburt an. Sie denken, dass sie auf dem Platz, den sie vom Leben erhalten haben, das Beste geben müssen, um nach den göttlichen Gesetzen ein gutes und gottgefälliges Leben zu führen, um im nächsten Leben eine bessere Ausgangsposition zu erhalten.

Hindus wie Buddhisten haben die Eigenverantwortlichkeit für ihr Leben als feste Fundamente ihrer menschlichen Existenz in ihren Lehren verankert. Durch die Anerkennung des Gesetzes von Karma und Wiedergeburt ist jeder für sein Handeln verantwortlich, niemand kann ihn von seiner Schuld befreien und jeder wird die Folgen seiner Taten zu spüren bekommen, im Guten wie im Schlechten. Hier drückt sich die Göttliche Gnade nicht durch eine Absolution eines Dritten, Fremden aus, sondern durch die ewige Gesetzmäßigkeit, die Gott bei der Schöpfung festgeschrieben hat.

Das Erzählen von spirituellen Geschichten ist eine weit verbreitete, uralte Tradition in Indien. In Zeiten ohne Funk und Fernsehen wanderten die Weisen von Dorf zu Dorf und erklärten dem Volk anhand solcher Geschichten die Welt und den Platz des Menschen in ihr. Die heutigen Gurus, das sind weise Lehrer und Lehrerinnen, erzählen in ihren Seminaren gerne einige dieser alten indischen Geschichten, um uns Westlern ihre Kultur und die wichtigen Grundlagen des Seins zu vermitteln.

Mich haben diese Geschichten stets fasziniert und inspiriert, tiefer über die Logik meines eigenen Lebens nachzudenken. Eine dieser

Geschichten, die sich um die Eigenverantwortung und das Karma drehen, will ich hier gerne nacherzählen:

„Eines Tages befahl ein König seinen drei Ministern, eine Tasche zu nehmen, in den Wald zu gehen und die Tasche mit Früchten zu füllen.

Der erste Minister dachte, dass der König die Früchte für sich bestellt hat und deshalb sammelte er die besten Früchte, die er fand, bis die Tasche voll war.

Der zweite Minister dachte, weil der König ja eine sehr beschäftigte Person war, würde er nicht in die Tasche schauen und deshalb füllte er die Tasche mit einer Mischung aus guten und weniger guten, teils schon angefaulten Früchten.

Der dritte Minister dachte, der König würde sich die Taschen nur von außen ansehen, ob sie voll seien, und deshalb klaubte er Blätter und Erde zusammen und füllte damit die Tasche.

Alle drei Minister kamen zurück zum König und meldeten, dass sie seinen Befehl ausgeführt hätten und die Taschen mit Früchten gefüllt seien.

Der König schaute nicht nach dem Inhalt der Taschen, sondern befahl, dass alle drei Minister für drei Monate jeweils in ein eigenes Gefängnis zu inhaftieren sind. Dort würden sie nicht mit Essen versorgt, sondern dürften nur ihre Taschen mitnehmen und von den gesammelten Früchten leben.

Der erste Minister konnte die drei Monate im Gefängnis problemlos mit den sehr guten und feinen Früchten, die er gesammelt hatte, überstehen.

Der zweite Minister konnte mit den guten Früchten aus der Tasche einige Zeit überleben, wurde aber später durch den Verzehr der fauligen Früchte sehr krank.

Der dritte Minister hatte nichts zu essen und konnte darum auch nicht überleben."

Was ist die Moral von dieser Geschichte? Diese Erzählung lässt uns lernen, dass wir mit den Konsequenzen aus unseren Handlungen leben müssen. Wir werden unter den Reaktionen unseres eigenen Karmas zu leiden haben, denn für jede schlechte Tat, dass wir begehen, müssen wir leiden. Gute oder schlechte Taten, wir werden die entsprechenden Auswirkungen zu tragen haben. Daran gibt es keinen Zweifel.

In der Mahabharata, der großen indischen Weisheitserzählung, heißt es: „Unter tausend Kühen findet ein Kalb seine eigene Mutter. Ähnlich ist es mit den Auswirkungen unserer vergangenen Handlungen. Wenn sie vollständig reif sind, werden sie uns mit absoluter Sicherheit finden und treffen."

Als ich mich mit dieser Philosophie intensiver beschäftigt habe, wurde mir auch klar, dass sie mir unglaublich viele meiner Fragen beantworten konnte.

Wir brauchen keine Gleichstellung, die wir teilweise mit brachialen Mitteln erzwingen möchten. Gott hat uns mit den Gesetzen von Anfang an gleichgestellt und es ist unsere Entscheidung, wie langsam oder wie schnell unsere Entwicklung voranschreitet. Natürlich will ich jetzt nicht Armut als völlig normal hinstellen. Auch die Ausbeutung der Armen durch die Reichen ist mir ein Greuel und wir sollten als Menschheit nach wie vor mit allen Kräften daran arbeiten, dass es eine soziale Gerechtigkeit auf der Erde gibt. Wir sollten Gutes tun und Schlechtes meiden, so wie wir es im Inneren schon immer wussten. Die Gewissheit, dass alles Übel, was von Menschen ausgeübt wird, auf diese eines Tages zurückfallen wird, macht uns allerdings ruhiger und vor allem aufmerksamer bei dem, was wir tun und sagen.

Hindus und Buddhisten haben übrigens keinerlei Motivation, Menschen anderen Glaubens zu missionieren. Aus der Gewissheit heraus, dass die Schöpfungsgesetze für jeden gelten, lassen sie auch jedem die Freiheit, zu denken und zu glauben, was er will. Das gefällt mir außerordentlich, denn Mission hat für mich etwas mit Besserwisserei zu tun. Nach dem Motto: Ich weiß, was der richtige Weg für dich zu Gott ist und nur ich bin im Besitz der einzigen Wahrheit. Es ist den Christen und später auch den Moslems eingefallen, aus diesem Prinzip heraus mit dem Schwert unendliche Verbrechen zu begehen, friedliche Völker zu dezimieren und sie mit Gewalt dazu zu bringen, ihre Lehren zu übernehmen. Wenn wir nach Südamerika blicken, erkennen wir aber, dass eine Aufhebung der Spaltung in Arme und Reiche damit auch nicht erreicht wurde. Auch die muslimische Welt kann in dieser Beziehung kein vorzeigbares Ergebnis liefern, liegen doch hier ebenfalls krasse Unterschiede im sozialen Standard offen sichtbar. Deshalb erscheint es mir nicht legitim, aus dieser Richtung abwertend auf das indische Kastensystem zu weisen. Es wird häufig auf die Ungerechtigkeit verwiesen, dass die Menschen in eine Kaste geboren werden und dort meist ihr Leben lang verweilen. Ist es denn hier anders?

Wer in ein Haus in Hamburg an der Elbchaussee geboren wird, hat meistens schon ein Leben in vorderster Reihe reserviert. Umgekehrt sind die Vorzeichen für jemanden, der in Berlin-Marzahn im Drogenmilieu oder in Duisburg im kriminellen Clan-Milieu zur Welt kommt, schon in umgekehrter Richtung programmiert. Jeder hat zwar die Möglichkeit, von sich aus etwas zu ändern, der eine kann abrutschen und der andere kann aufsteigen, aber meistens bleibt der Mensch in einem ähnlichen Milieu wie dem, in welchem er heranwächst.

Das System von Karma und Wiedergeburt war mir vom Herzen her sofort plausibel, ja es erschien mir sogar bekannt und es war mir, als hätte ich es nur vergessen. Ich sah die Zyklen der Natur abgebildet, das Werden und Vergehen, wie die Jahreszeiten. Frühjahr, Sommer, Herbst und Winter konnte ich mit Geburt und Jugend, Tatkraft und Reife, Alter und Welken sowie Sterben und Tod vergleichen. Und dieser Zyklus beginnt jedes Jahr von neuem. So müssen auch die Alten schon die Welt beobachtet haben, als sie die Gesetze erkannten.

Leben und Tod

Wenn eines so sicher ist wie das Amen in der Kirche, dann ist es unser Tod. Es gibt kein Leben ohne Tod. Und es trifft jeden, die Armen und die Reichen, die Gesunden und die Kranken, die Glücklichen und die Unglücklichen. Egal ob wir wollen oder nicht, wir werden sterben.

Ich behaupte, dass ein großer Teil unserer Urängste im Leben direkt oder indirekt mit dem Thema Tod verbunden sind. Sterben wird nicht als ein natürlicher, normaler Prozess des Vergehens (im gegenseitigen Wechsel von Werden und Vergehen) verstanden, der Teil des unendlichen Lebens ist. Die moderne Gesellschaft hat aufgrund mangelnder Erklärungen über Sinn und Bedeutung von Leben und Sterben den Tod als unerwünschtes, ja sogar furchterregendes und endgültiges Desaster eingestuft und bemüht sich geflissentlich, jeden Gedanken an den Tod aus dem Tagesbewusstsein zu verdrängen. Obwohl beim täglichen Krimi im Fernsehen Mord und Totschlag als „Entspannung" konsumiert wird, bricht bei der Aussicht auf das eigene „Ende" oder beim Versterben geliebter verwandter oder befreundeter Menschen die Welt zusammen. Warum ist das so?

In unserer westlichen Kultur wurde der Glaube an ein Leben nach dem Tod so entstellt und damit „unglaubwürdig", dass die Lehren der christlichen Tradition zu diesem wichtigen Thema leider nicht sehr hilfreich sind. Auch das Dogma, dass wir nur einmal leben, fördert das bewusste Sein im körperlichen Aufenthalt auf dem Planeten Erde nicht. Vielmehr ist die uralte Weisheit von Tod und Wiedergeburt, also dem wiederholten Leben im Körper zwecks durchlaufen verschiedenster Erfahrungen, wesentlich dienlicher, um sein Denken und Handeln ständig aufs Neue zu überprüfen. Wie wir aus vielfältigen medialen Durchgaben und Berichten geistiger Wesen (Verstorbener und Engelwesen) wissen, ist die hiesige materielle Welt eine Art Spiegel der feinstofflichen Welt. Und nach dem Ablegen der sterblichen Hülle unseres Körpers gehen wir genau auf *die* Ebene im Jenseits, die unserem Leben und Bewusstsein entspricht, welches wir hier geprägt und entwickelt haben.

Wenn Jesus sagt: „Im Haus meines Vaters gibt es viele Wohnungen" (Joh14,2) meint er genau

das, nämlich dass es im Jenseits unterschiedlichste Seins-Ebenen gibt, wo unser feinstoffli-
ches, seelisches Selbst weiterlebt – teils um sich
auszuruhen, teils um neue Aufgaben zu übernehmen oder auch, um Altlasten abzuarbeiten,
damit Weiterentwicklung geschehen kann. Alles dient einander und dient damit Gott, dem
höchsten Ziel allen Lebens.

Irgendwann geht die Reise dann umgekehrt
wieder von vorne los. Mit einem neuen Körper
treten wir als unsterbliche, geistige Wesen von
der anderen Seite erneut durch die Pforte in ein
neues Leben als Mensch, um völlig andere und
neue Erfahrungen für weiteres Wachstum zu
machen.

Wenn wir uns bewusst darum bemühen, das
Leben in allem als einen Fluss der göttlichen
Gnade zu erkennen, verstehen wir, dass wir in
unserem Wesenskern ein Teil des Göttlichen
sind und deshalb nicht sterben können. Wir begreifen, dass wir uns als geistiges Wesen durch
das ständige Aufblühen (Geburt) und Verblü-
hen (Tod) in einem biologischen Körper ausdrücken und stets aufs Neue eine Möglichkeit
schaffen, alle Erfahrungen zu machen, die das

Leben zu bieten hat. Nur die Wiedergeburt erklärt die bedeutenden Fragen, warum beispielsweise der Eine behindert geboren wird oder lebenslang kränklich ist, während der Andere zeitlebens kerngesund, sportlich und fit ist. Kann ein Mann die Erfahrungen einer Frau machen, wie den Zyklus erleben oder Kinder empfangen, verlieren oder gebären? Kann eine Frau die Erfahrungen eines Mannes machen? Warum stirbt mancher schon als Kind, während manch Alter über 90 wird? Diese und viele andere Fragen, die sich uns schon immer aufgedrängt haben, können über die Wiedergeburt zufriedenstellend beantwortet werden.

Somit hat der Tod eine bedeutende Aufgabe: er ist wie eine Bühnentür, durch die der Schauspieler die Bühne verlässt, sich eine Weile in der Garderobe (für alle Zuschauer unsichtbar) aufhält, um dann mit einem neuen Gewand (in einem neuen Körper und einer neuen Rolle) die Bühne durch eine andere Tür (Geburt) erneut zu betreten. Das Wissen um das Leben im Jenseits mindert oder beseitigt gar unsere Ängste vor dem Thema Tod und lässt uns intensiver und aufmerksamer leben.

Der Tod als solcher ist eine Tatsache und hat nichts Schlimmes an sich, lediglich wie wir über den Tod denken und ihn wahrnehmen erzeugt in uns Kummer und Leid.

Erst in der zweiten Hälfte des vorigen Jahrhunderts wurde dem Sterben wieder mehr Achtsamkeit zuteil, als Cicely Saunders, eine englische Krankenschwester, in den 70er Jahren das erste Hospiz gründete. Hierbei handelte es sich nicht um eine Heileinrichtung, wie man es früher unter der Bezeichnung Hospiz kannte, sondern um einen Ort der Pflege und Betreuung Sterbender im Sinne der Palliativ-Versorgung. In der Folge bekam die Hospiz-Bewegung unter der Schweizer Ärztin Elisabeth Kübler-Ross weitere Bedeutung, bis sich auch in den 80er und 90er Jahren in Deutschland Hospize etablierten. Heute gibt es diese tröstenden und hilfreichen Einrichtungen flächendeckend. Es gibt aber auch den Hospiz-Dienst für Menschen, die zuhause sterben möchten. Besonders geschulte Palliativ-Ärzte (lat. pallium = Mantel) betreuen die Menschen, die sich das wünschen, bis zu ihrem Tod. Dieses „ummantelte Sterben" ist allerdings noch keine Selbstverständlichkeit, sondern muss ausdrücklich in der Patientenverfügung als persönlicher Wunsch niedergeschrieben werden. Einfach ausgedrückt bedeutet es, dass die Ärzte oder das Krankenhaus keine lebensverlängernden Maßnahmen mehr durchführen sollen, wenn es klar ist, dass der Patient stirbt. Es geht um eine humane Begleitung des Sterbens, die nach Möglichkeit die Schmerzen auf ein Minimum reduziert oder sogar ganz ausschaltet.

Elisabeth Kübler-Ross hat uns durch ihre vielen Sterbebegleitungen als Ärztin wertvolle Aufzeichnungen hinterlassen, welche die Phasen des Sterbens aus ihrer Sicht erkennbar machen. Für jeden Angehörigen, der einen Sterbenden begleitet, sind ihre Bücher sehr hilfreich. So werden ihre Beobachtungen auch zur Schulung der ehrenamtlichen Hospiz-Helfer herangezogen, die von den sozialen Einrichtungen der Caritas und Diakonie zur Unterstützung der Angehörigen ausgebildet werden.

Weiterhin gibt es Informationen zum Tod bei den sogenannten Sterbeforschern, die sich intensiv mit diesem Thema beschäftigen und reiche Erkenntnisse liefern.

Die Sterbeforschung basiert auf 3 grundlegenden Erfahrungsbereichen:

1. Nah-Tod-Erfahrung

Es gibt Wissenschaftler, die Berichte von Menschen sammeln, welche bereits klinisch tot waren und dann wieder ins Leben zurückgeholt wurden (Dr. Raimond Moody). Erstaunlicherweise gleichen sich diese Berichte. Noch niemand erzählte, dass das Tot-Sein etwas Unangenehmes wäre. Allein die Tatsache, dass überhaupt eine Aussage über den Zustand nach dem Ableben gemacht wird, beweist die Eigenständigkeit des Bewusstseins, das auch ohne Körper existieren kann. Als unangenehm wird meist das Zurückrufen empfunden. Die Menschen berichten, sie hätten nicht gewollt, wieder aus diesem angenehmen Zustand entfernt zu werden.

An dieser Stelle muss auf den Unterschied von Bewusstsein und Verstand hingewiesen werden. Der Verstand ist ein Werkzeug des Bewusstseins, im Gehirn lokalisiert. Das Bewusstsein hingegen ist das Leben schlechthin, in jeder Zelle, im ganzen Sein. Ein Mega-Computer mit einer Mega-Festplatte, angeschlossen an die Unendlichkeit und Ewigkeit.

Dr. Raymond Moody fand schon in den 70er Jahren wichtige Übereinstimmungen in den Berichten von klinischen Toten, die erfolgreich wiederbelebt wurden. Aus diesen Übereinstimmungen hat er folgenden Ablauf als mögliche Punkte des Sterbeprozesses abgeleitet:

- Das Unaussprechliche der Erfahrung
- Ein Gefühl des Friedens und der Ruhe. Jeder Schmerz ist verschwunden.
- Die Erkenntnis, tot zu sein. Manchmal ist danach ein Geräusch zu hören.
- Ein Verlassen des Körpers oder eine außerkörperliche Wahrnehmung. Die Reanimation oder die OP wird von einer Position außer- und oberhalb des eigenen Körpers aus wahrgenommen.
- Aufenthalt in einem dunklen Raum. Nur ca. 15 % der Betroffenen empfinden diese Erfahrung als beängstigend. In diesem dunklen Raum entsteht ein Lichtfleck, zu dem man hingezogen wird. Sie beschreiben dieses Erlebnis als:
- Tunnelerlebnis. Sie werden mit hoher Geschwindigkeit zum Licht gezogen. Der Maler Hieronymus Bosch (etwa 1450–1516) hat diesen Vorgang in seinem Bild „Der Flug zum Himmel" erstaunlich klar dargestellt.

- Wahrnehmung einer außerweltlichen Umgebung, einer wundervollen Landschaft mit herrlichen Farben, schönen Blumen und manchmal auch Musik.
- Begegnung und Kommunikation mit Verstorbenen.
- Begegnung mit einem strahlenden Licht oder einem Wesen aus Licht. Die Erfahrung vollkommener Akzeptanz und bedingungsloser Liebe. Man tritt mit tiefem Wissen und Weisheit in Kontakt.

- Lebensschau, Lebenspanorama oder Rückblick auf den Verlauf des Lebens seit der Geburt. Alles wird noch einmal durchlebt. Man überblickt das ganze Leben in einem einzigen Augenblick, es gibt weder Zeit noch Distanz, alles ist gleichzeitig, man kann tagelang über diese Lebensschau sprechen, die nur einige Augenblicke gedauert hat.
- Vorausschau. Man hat das Gefühl, einen Teil des Lebens, der erst vor einem liegt, zu überblicken und zu betrachten. Auch hier gibt es weder Zeit noch Distanz.
- Das Wahrnehmen einer Grenze. Man erkennt, dass nach dem Überschreiten dieser Grenze keine Rückkehr in den eigenen Körper mehr möglich ist.

- Die bewusste Rückkehr in den Körper. Nach der Rückkehr in den kranken Körper empfindet man tiefe Enttäuschung darüber, dass einem so etwas Herrliches genommen wurde.

Vor einigen Jahren habe ich eine jüngere Frau kennengelernt, die mir ihre Nahtoderfahrungen geschildert hat. Sie wurde aufgrund eines akutmedizinischen Vorfalls in die Klinik gebracht, wo sie bei der Einlieferung bereits klinisch tot war. Die Wiederbelebung war nach einiger Zeit erfolgreich und sie lag mehrere Tage im Koma. Als sie aufwachte, saß ihr Mann an ihrem Bett und hielt ihre Hand. Obwohl sie sehr entkräftet war, stieß sie ihn von sich und sagte zu ihm: „Was machst du denn hier, ich will dich nicht sehen!" Der Schock des Mannes saß tief und es dauerte längere Zeit, bis er das Geschehen verstehen lernte und akzeptieren konnte. Die Frau erzählte mir von ihren Eindrücken während des Todes, wobei das Schlimmste für sie war, alles, was sie jemals anderen angetan hatte, jetzt „in deren Schuhen" selbst zu erleben und deren Schmerz, Scham, Entwürdigung und Trauer fühlen zu müssen. Ihre sehr ernst und bedächtig ausgesprochenen Worte, um dieses Erlebnis zu kommentieren, waren: „Jetzt weiß ich, was die Hölle ist!"

2. Nach-Tod-Erfahrung

Nach dem Tod trennt sich der Ätherleib vom physischen Leib. Wird die oben beschriebene Grenze überschritten, gibt es kein Zurück mehr.

In der materiellen Welt kann es jetzt zu Phänomenen kommen, die vom Tod des Verstorbenen künden:

Der Verstorbene erscheint an weiter entfernten Orten.

Es kommt zu Wahrnehmungen der Angehörigen durch unterschiedliche Sensationen, z.B. Lufthauch, Stimme, kurz aufflammendes bildliches Erscheinen usw.

Hochsensible Menschen haben häufiger nach dem Versterben geliebter Angehöriger das Gefühl, dieser sei noch im Raum, er habe sie gerade gestreichelt, mitunter hören sie sogar manchmal ihren Namen von der Stimme des Verstorbenen gerufen. Oder man riecht noch einmal ganz intensiv das Parfum des Verstorbenen. Es sind nur sehr kurze Momente und die meisten Menschen glauben, dass sie eine Halluzination hatten. Dabei sind diese Erscheinungen Realität und Hinweis auf das feinstoffliche Weiterleben nach dem Tod. Im alten Deutsch nennt man Sterben auch „Verscheiden" oder „Abscheiden" – schon allein dieses Wort sagt aus, dass sich eins (Seele) vom anderen (Körper) trennt.

Während eines unserer Treffen der ehrenamtlichen Hospizhelfer war mir die Gelegenheit geboten worden, über die Phänomene rund ums Thema Tod zu referieren. Von 11 Teilnehmern konnten 5 über diese Nach-Tod-Erfahrungen berichten, die sie selbst erlebt hatten. Sie zeigten sich dankbar, dass sie der Reihe nach davon erzählen konnten und sagten übereinstimmend aus, dass sie dankbar für die Gelegenheit seien, davon zu berichten. Seit man sie nach ersten Erzählungen als Spinner und Halluzinierende abgetan hatte, hielten sie lieber den Mund und schwiegen über das Erlebte. Deshalb bin ich sicher, dass es über die Nach-Tod-Erlebnisse keine gesicherten Zahlen gibt und sie wesentlich häufiger auftreten, als es allgemein bekannt ist. Vielleicht ist auch dir schon mal etwas Ähnliches erzählt worden oder du hast gar selber ein solches Erlebnis gehabt, es aber nicht ernst genommen und verdrängt.

Weiter kommt es bei Nach-Tod-Erfahrungen zu paranormalen Phänomenen wie Stehenblei-

ben der Uhren, herunterfallen von Gegenstän-
den, Zerplatzen von Glühlampen o.ä. – da gibt
es viele Beispiele aus dem II. Weltkrieg. Dann
war eine Frau plötzlich aufgrund eines solchen
Momentes sicher, dass ihr Mann gefallen war.
Wenige Tage später, wenn sie von der Wehr-
macht eine entsprechende Nachricht bekam,
stimmten Tag und Uhrzeit exakt mit der Wahrnehmung überein.

Meist ist die Ursache für solche Phänomene
das Bedürfnis des Verstorbenen, den Hinterbliebenen ein Zeichen zu geben, dass man *nicht*
gestorben ist, sondern noch lebt und dass es einem gut geht. Danach folgt der Geistkörper
dem unwiderstehlichen Ziehen, welches von
dem Licht ausgeht und durch den Tunnel führt.

Je nach Bewusstseinszustand (Erkenntnisse
spiritueller Art, Glaubensmuster, Weltanschauung, Wertegerüst) ist es aber einigen
nicht möglich, das Licht zu erkennen, weil sie
noch zu erdverbunden sind. Wichtig ist zu wissen, dass wir in dem Bewusstseinszustand hin-
über gehen, den wir gerade haben.

Für den weiteren Verbleib in der erdnahen
Sphäre sind folgende Gründe aufzuzählen:

Verkrustete Glaubensstrukturen, wie z.B. „nach dem Tod ist alles aus", können dazu führen, dass der Verstorbene in tiefen Schlaf fällt, der Jahrhunderte dauern kann, weil er das zeitlebens geglaubt hat. Oder es gibt das dringende Gefühl, noch nicht alles erledigt zu haben, z.B. in geschäftlicher Hinsicht, aber auch private Dinge noch nicht abschließend geregelt zu haben. Da sind oft familiäre Zwistigkeiten, die vor dem Tod nicht einvernehmlich geregelt wurden, zu nennen, auch Erbschaftangelegenheiten, die nicht im Sinne des Verstorbenen laufen. Genauso stark wie Hass bindet, kann es die Liebe ebenfalls tun.

So kann die tiefe Liebe der Verstorbenen zu einem Partner oder Verwandten wie Eltern und Kinder, die man nicht alleine lassen will und in deren Nähe man sich weiterhin aufhalten möchte, diese binden. Das kann auch die Überzeugung sein, man wird von dem Hinterbliebenen noch gebraucht, man muss über ihn wachen oder ihn vor etwas beschützen (Beispiel: Der amerikanische Spielfilm „Ghost – Nachricht von Sam")

Extremes Suchverhalten, wie Alkohol, Nikotin, Drogen aller Art können die Verstorbenen binden, weil sie sich nicht von der Sucht lösen können und deshalb in der Nähe anderer Süchtiger bleiben, um wenigsten das Gefühl zu haben, noch konsumieren zu können.

Gelegentlich kann es vorkommen, dass solche Verstorbene aus Unkenntnis in ihrer Sehnsucht nach Liebe bei einem nahen Angehörigen verbleiben und sich sogar bei ihm so einrichten, dass wir von einer „Besetzung" sprechen. In den meisten Fällen ist es Unwissenheit und Unbewusstheit, und nur in seltenen Fällen Böswilligkeit. Deshalb können die meisten Seelen auch mit geeigneten Therapien davon überzeugt werden, ins Licht zu gehen und die besetzte Person zu verlassen.

In jedem Falle ist die Kenntnis dieser Zusammenhänge hilfreich, damit die Hinterbliebenen nicht ihrerseits durch ihr Verhalten die Verstorbenen in Erdnähe binden, sondern aufsteigen lassen.

3. Jenseits-Erfahrung

Viele Menschen glauben nicht an ein Leben nach dem Tod und ein Jenseits und zitieren dann gerne den Spruch: „Es ist ja noch keiner wiedergekommen, der davon erzählen konnte" – in der Tat stammen die Berichte aus dem Jenseits auch nicht von Verstorbenen, die wiederbelebt wurden und in den eigenen Körper zurückgekehrt sind, sondern von Verstorbenen, die sich als Geistwesen durch ein Medium gemeldet haben und über ihren Seinszustand sowie die Umstände ihres Todes und ihre jetzigen Lebensbedingungen in der jenseitigen Welt berichtet haben.

Der amerikanische Arzt Dr. Carl Wickland hat sich bereits in den 20er Jahren des vergangenen Jahrhunderts über seine mediale Frau mit den Verstorbenen unterhalten und dazu eine Fülle von Aufzeichnungen gemacht, die bis heute auch in Buchform erscheinen.

Seine Bemerkung zum Weiterleben nach dem Tod ist Resultat seiner Arbeit und aufschlussreich für jeden, der auf der Suche nach Antworten ist. Er schreibt:

„Das Vorhandensein einer unsichtbaren Welt, die unsere irdische umgeben soll, ist für viele

Menschen schwer zu begreifen, da unser Verstand nur zu oft mit dem Sichtbaren und Greifbaren seine Grenzen findet. Und doch bedürfte es nur geringen Nachdenkens und eines Besinnens darauf, dass die irdische Materie sich in einem ständigen Wechsel zwischen dem Sichtbaren und Unsichtbaren befindet.

Die sichtbare Natur ist nur das Unsichtbare in sichtbarer Form, das wirklich Seiende, das sich den Sinnen kundgibt durch eine besondere Anordnung und Zusammenstellung seiner Urbestandteile. Der Schall, Düfte, die thermischen Kräfte, also Kälte und Hitze, und eine Menge anderer Erscheinungen, vom winzigen Elektron angefangen bis zu den Energien, welche Planeten und Sonnen bewegen, sind sämtlich nichtgreifbare und unsichtbare Wirklichkeiten. Alles Wirken, ob chemischer, natürlich-lebendiger oder geistiger Art, geht unsichtbar vor sich. Nehmen wir dazu als Beispiel die Entfaltung im Wachstum aller Lebewesen und den Zerfall in den Rotte- und Verwesungsprozessen. So wird auf allen Gebieten unserer irdischen, sichtbaren Natur offenbar, dass alles im Unsichtbaren wurzelt und von dorther erhalten wird.

Das Unsichtbare ist der Ursprungsquell alles Sichtbaren!

Wenn wir uns daher vergegenwärtigen, dass das Körperliche nur eine besondere Zusammenfassung unsichtbarer Substanzen und Kräfte ist, dann wird auch das Vorhandensein einer unsichtbaren Welt leicht begreiflich. Gerade wenn man in Betracht zieht, welche wunderbaren Fortschritte die Wissenschaft auf dem Gebiet der feinen Naturkräfte gemacht hat, ist es unfassbar, wie ein denkender Verstand so fehlgehen kann, der vernunftgemäßen Folgerung eines selbständigen Bestehens des menschlichen Geistes – auch getrennt von seinem irdischen Körper – die Anerkennung zu verweigern! Nichts ist zu allen Zeiten und in allen Literaturen besser bezeugt und glaubhaft gemacht worden, als das Vorhandensein von feinstofflichem Leben und die Tatsache eines Lebens nach dem Tod. Der Wechsel oder Übergang, „Tod" genannt (das Wort ist eine falsche Benennung!), wird allgemein mit Furcht und Schrecken betrachtet, dabei vollzieht sich dieser Vorgang gewöhnlich so natürlich und einfach, dass die Mehrzahl der Menschen nach dem Verlassen des Körpers sich ihres Hinüberganges gar nicht bewusst ist." (Zitat Dr. med. Carl A. Wickland)

Nach meiner festen Überzeugung wäre es für die vielen Menschen, die um ihre geliebten Verstorbenen trauern und weinen, eine sehr große Hilfe, wenn sie über ein Weiterleben nach dem Tod Gewissheit hätten oder zumindest so fundierte Informationen darüber, dass sie in diesem Gedanken Frieden und Trost finden könnten. Mir persönlich wurden die Nachforschungen und die Auseinandersetzung mit dem Tod zu einer weiteren wichtigen Etappe meiner spirituellen Entwicklung.

Fassen wir noch einmal zusammen:

Die weitverbreitete Problematik, sich nicht zu Lebzeiten mit dem Tod des Körpers auseinander zu setzen und damit auch nicht über die grundsätzlichen Sinnfragen des Seins nachzudenken, kann für viele Menschen nach ihrem Ableben fatale Folgen haben. Verlassen sie das Gefährt ihres Körpers, der seine Funktion eingestellt hat, erkennen sie nicht, dass sie für *diese* Welt „verstorben" sind. Das Weiterleben des Geistkörpers in zunächst unmittelbarer Nähe der verlassenen „Hülle Erdenkörper" führt oft für den Verstorbenen zu großer Verwirrung, da sich der sogenannte feinstoffliche Astralkörper genauso anfühlt wie der grobstoffliche, physische Körper vor seinem Ableben. Der oder die Verstorbene hat nun zwar keine Schmerzen mehr, nimmt aber sich selbst und die Umgebung nach wie vor mit allen Sinnen wahr. Er/sie hört sich rufen, will sich bei den trauernden Angehörigen bemerkbar machen und ihnen klar machen, dass es ihm/ihr gut gehe und dass es keinen Grund gibt, traurig zu sein. Auch seine/ihre Berührungen der Lieben, die er/sie zurückgelassen hat, werden nicht wahrgenommen, da er/sie förmlich durch die Stofflichkeit der physischen Körper „hindurch" fasst.

In allen Lebewesen ist eine Verbindung zur höchsten Quelle verankert, die z. B. in der Kirche „Das Ewige Licht" genannt wird. In Sanskrit, der uralten Sprache der Veden, wird es „Jyothi" genannt. Dieses Licht führt den Verstorbenen zurück in die Heimat, die himmlischen Seins-Ebenen, von denen alle alten Meister zu berichten wussten.

Hat sich nun ein Mensch zeit seines Lebens nur um Geschäfte, Geld, Vergnügungen und materielle Sinnesfreuden gekümmert und jegliches geistige, feinstoffliche Sein verleugnet, welches sich außerhalb des von seinen 5 Sinnen wahrgenommenen irdischen Erlebens ereignet, hat er nur seinen Verstand genährt und seiner Seele keine Beachtung geschenkt, dann kann es sein, dass er nach seinem Tod dieses helle Licht überhaupt nicht wahrnehmen kann, weil er es einfach nicht sieht. Das Licht ist immer da, aber er sieht es nicht, weil sein Bewusstsein zu träge geworden ist, um es zu sehen. Oftmals sind auch alte Glaubenssätze oder falsche Informationen über das, was nach dem Tod geschieht, der Grund, dass vom Verstorbenen das Licht nicht wahrgenommen wird. Jeder kommt auf der anderen Seite in dem Bewusstseins-Stand an, mit dem er hier den Körper verlassen hat.

**Der Tod macht
aus einem Sünder keinen Heiligen und
aus einem Narren keinen Weisen.**

Man kann sich vorstellen, wie verzweifelt die Seele mit der Zeit wird, da sie sich alleine fühlt, niemand hört und sieht sie, und das Leben geht einfach weiter, aber ohne sie. Sie hat keinen Körper mehr und kann nicht mehr an den gewohnten Vergnügungen teilnehmen. Die christliche Kirche spricht hier von den „armen Seelen" oder auch den „verlorenen Seelen", die nun in dieser Welt umherirren. Zu ihrer Befreiung (dem Aufsteigen in das Licht!) werden Messen gelesen oder gemeinschaftliche Gebetszirkel abgehalten.

Auch die Angehörigen sind aufgerufen, nach einer Zeit der Trauer den Verstorbenen „aufsteigen" (gehen) zu lassen. Manchmal hört man, dass jemand das Zimmer der verstorbenen Mutter im Haus noch Jahre lang so eingerichtet gelassen hat, jeden Morgen die Rollläden hochzieht und mit der Mutter spricht, als wäre sie noch physisch anwesend. Ich rate davon dringend ab, denn es ist eine Einladung an den „heimatlosen" Geist, sich tatsächlich dort noch aufzuhalten. Das ist aber nicht seine Bestimmung, sondern er sollte der Schöpfungsordnung folgen und in die geistigen Ebenen aufsteigen, denn „er ist nicht mehr von dieser Welt (!)". Also sind auch die Angehörigen gefragt, ihre „Bindungen" zu den Verstorbenen zu lösen. Das bedeutet nicht, sie zu vergessen, sondern sie liebevoll mit ihren Gebeten dem Schöpfer zu empfehlen und dafür zu bitten, dass sie in die geistige Welt aufsteigen können, wo sie weiter geschult werden, bis sie erneut einen Körper erhalten und in diese Welt wiedergeboren werden können.

Es gibt verschiedene Möglichkeiten, erdgebundenen Seelen bei ihrer Ablösung von dieser physischen Welt Beistand und Hilfe zu geben. Trotzdem halte ich es für das Beste, sich schon weit vor dem eigenen Tod ein Bild von den großen Schöpfungszusammenhängen zu machen, damit es nicht nach dem Ableben zu einer schmerzhaften und unheilvollen Verirrung kommt.

Die hier von mir beschriebenen Vorgänge sind keinesfalls meine eigenen Hirngespinste, sondern entspringen einem weltweiten Wissen und basieren auf uralten Überlieferungen. Jede Kultur hatte ihre eigenen Bilder, um die Umstände des Todes und das Jenseits zu beschreiben. So sind auch heute noch das Tibetanische und das Ägyptische Totenbuch weltweit verkaufte Bestseller. Allerdings erfordert es schon Übung und Erfahrung in der Thematik, um sich mit den Gedanken dieser alten Totenkulturen zu beschäftigen. Ich empfehle den Interessierten lieber, sich mit den Erklärungen des deutschen Sterbeforschers Bernard Jakoby auseinanderzusetzen, weil sie für uns Westler verständlicher sind und der heutigen Zeit eher entsprechen.

Gott

Kommen wir nun zu den Kernfragen dieses Buches. Vermutlich ist diese Frage hier vielen Menschen schon einmal durch den Kopf gegangen:

Wozu brauche ich Gott?

Meine Antwort darauf ist ein Bündel von Gegenfragen:

* Wozu brauche ich ein Zuhause?
* Wozu brauche ich Eltern?
* Wozu muss ich essen, trinken, atmen?
* Wozu muss ich leben?

Wie du siehst, drehen sich meine Gegenfragen alle um die Existenz, das Sein, das Leben. Die letzte Frage ist natürlich sehr provokant, denn wer das Gefühl hat, er *muss* leben, könnte Suizidgedanken hegen und ich würde besonders *ihm* dringend empfehlen, sich auf die Suche zu begeben. Interessanterweise habe ich schon mit vielen Menschen gesprochen, die sich hier auf dem Planeten nicht zuhause fühlen, so als ob sie nicht hierhin gehörten. Anscheinend hadern sie mit ihrer Existenz im Körper. Die Gefahr dieses Gefühls besteht in einem daraus resultierenden permanenten Mangelbewusstsein. Deshalb rate ich dazu, die Inkarnation als Chance für einen bedeutenden persönlichen Evolutionsschritt zu begreifen und über die Dankbarkeit aus dem Mangelbewusstsein in das Füllebewusstsein überzugehen.

Meine eigene Suche nach Antworten auf meine Fragen führte mich direkt in das Thema meines Lebens: die Liebe. Auf allen spirituellen Seminaren, die ich in den vielen Jahren meiner Suche besuchte, begegneten mir Menschen, die wie ich auf der Suche nach der Liebe waren. Dabei waren sie sich meistens noch nicht einmal bewusst, dass sie nach Gott suchten. Wer von euch, liebe Leser*innen, hat noch nie im Leben das Gefühl gehabt, ungeliebt zu sein oder zu wenig Liebe zu erhalten? Wohl kaum einer. Die meisten beklagen, von einem oder beiden Elternteilen nicht in dem Masse geliebt worden zu sein, wie sie es sich gewünscht hätten. Meistens wurden diese Gefühle während der Seminare herausgearbeitet und es flossen in der Folge heiße Tränenströme. Manche hatten auch in der Ehe einen Mangel an Liebe gespürt, ältere auch seitens ihrer Kinder. Es ist sehr heil-

sam, sich selbst gegenüber ehrlich einzugeste-
hen, dass der Mangel an Liebe weh tut. Aber
wie können wir diesem Problem begegnen, was
uns wirklich fast alle zu betreffen scheint? Einen Hinweis hierzu findet man in der Bibel:

Gott ist Liebe;
und wer in der Liebe bleibt,
der bleibt in Gott und Gott in ihm.

1. Johannes 4,16b

Die Liebe ist unbestritten unser Schlüssel
zum Glücklichsein. Wenn wir lieben und geliebt werden, schweben wir sozusagen "im 7.
Himmel". Schon als Kind ist uns die Zuwen-
dung und Liebe unserer Eltern wichtigstes
emotionales Element unseres jungen Lebens.

Wie viele Male im Leben müssen wir später
dann erfahren, dass wir Liebe nicht zwingen
können, dass wir Liebe nicht festhalten können
- kurz, dass Liebe ein äußerst flüchtiger Schatz
ist. Wie viel haben wir getan, was haben wir alles gegeben, um Liebe zu erlangen, um unser
Sehnen und unseren Durst zu stillen nach dem
süßen Geschmack der Liebe. Und oftmals fragen wir uns gerade jetzt, wo sie ist. Ist sie nur
für andere da oder auch für mich?

Die Liebe hat viele Facetten und gerade hier in unserer menschlichen Existenz, im materiellen Körper, gibt es viele Möglichkeiten, sie auszudrücken und zu empfangen. Da ist die körperliche Zärtlichkeit in den liebevollen Berührungen, der Höhepunkt der liebenden Vereinigung der Partner im Sex, da sind aber auch viele Geschenke, Gesten, Zuwendungen wie einfache Aufmerksamkeit und Zuhören, die wir aus Liebe dem Anderen, dem Mitmenschen und Nächsten zuteilwerden lassen.

Manchmal überschlagen wir uns geradezu darin, unseren Mitmenschen Liebe zukommen zu lassen. Dann kann es uns sogar passieren, dass wir abgelehnt werden statt zurück geliebt zu werden. Könnte es sein, dass die anderen merken, wieso ich mich so anstrenge? Dass ich gar eigene, selbstbezogene Gründe habe für meine allgegenwärtige "Liebe", die ich auf alles und jeden ergieße? Dass ich alles tue und unternehmen würde, um geliebt zu werden?

Die Gründe unserer unstillbaren Sehnsucht nach Liebe liegen tiefer in unserem Sein begründet. Wir kommen als Tropfen des göttlichen Ozeans der Liebe in die Individualität des

Mensch-Seins gefallen, um hier auf dem Planeten alle denkbaren Erfahrungen zu machen, die unserem weiteren Evolutionsweg hin zurück zur Göttlichen Quelle dienen können. Und obwohl wir nach wie vor Teil des Gesamten sind, haben wir ein stetiges Gefühl der Trennung von Gott und der Liebe - denn Gott ist die Liebe. Wir kennen aus unserer geistigen Existenz diese Göttliche Liebe und verzehren uns jetzt hier nach ihr. Wir suchen sie überall und finden sie doch nicht.

Der einzige Weg, in diesem Leben zur Liebe zu finden, ist ein Umkehrschluss. Wenn wir die Verbindung zur Quelle, zum Göttlichen, im Herzen wiedergefunden haben, wenn wir unsere ganze Liebe auf Gott werfen können, erschließt sich die Möglichkeit, auch Seine Liebe hier in diesem Leben zu erfahren. Auf dem Weg dorthin ist die Selbstliebe ein wichtiger Baustein.

In unserer Kultur wurde uns zwar stets gesagt, dass wir alle und alles zu lieben haben, dass wir selbst aber unwürdige arme Sünder vor Gott seien, weil ja vor langer Zeit von unseren Ahnen die Sünde gegen Gott ausging und wir deren Erben sind. Auch wenn wir die biblische Geschichte nicht in allen Punkten glauben, so stecken doch diese Glaubenssätze tief in uns und den Generationen vor uns drin und sind sozusagen in unserer DNA verankert. Solche "alten Schuhe" auszuziehen, weil man nicht mehr darin laufen möchte, ist gar nicht so einfach. Oftmals hilft aber schon, sich der Zusammenhänge bewusst zu werden, um Änderungen in unserem Verhalten, besonders uns selbst gegenüber, zu erreichen.

Alles Böse und Schlechte, was auf dieser Welt geschieht (sofern wir noch aus der Dualität heraus bewerten und beurteilen), entsteht allein aus der Abwesenheit von Liebe. Deshalb sollte es unser höchstes Ziel sein, die Liebe in unserem Leben zu mehren. Da wir schwache Menschen zu sein scheinen, verknüpfen wir unsere Liebe häufig mit Erwartungen und erstellen sogar Anforderungsprofile, wie sich der von uns geliebte Mensch im Gegenzug für unsere Liebe zu verhalten habe. Werden unsere Erwartungen nicht erfüllt, so sind wir enttäuscht, d. h. unsere Täuschungen werden aufgedeckt. Das ist schmerzhaft. Insofern empfinden wir Liebe sehr oft als schwierig, problematisch und teilweise eben auch schmerzhaft, weil wir nicht bedingungslos lieben können.

Das menschliche Herz ist erfüllt vom Verlangen, zu lieben und geliebt zu werden, die Zuneigung des Vaters, der Mutter, des Freundes oder des Lebensgefährten zu erlangen. Vielen von uns ist jedoch nicht klar, dass dieses Verlangen eigentlich nur der in ein anderes Kleid gehüllte Ausdruck unseres Verlangens nach Gott ist. In letzter Konsequenz fühlen wir uns in unseren menschlichen Beziehungen immer frustriert und allein, denn die Liebe, die wir auf der menschlichen Ebene erfahren, ist nur ein unzureichender Abglanz der wahren Liebe – diese wahre, bedingungslose Liebe gibt es nur bei Gott. Die Liebe Gottes zieht uns alle an, doch wir deuten sie falsch. Sie richtig zu deuten und Erfüllung in dem Verlangen nach Liebe zu finden, können wir nur erreichen, wenn wir unsere Liebe auf Gott richten, der die Liebe selbst ist.

Hier gibt uns Jesus einen eindringlichen Hinweis, wie wichtig die Gottesliebe für unser Leben ist, als ein Schriftgelehrter ihn herausfordern wollte und fragte: „Meister, welches ist das vornehmste Gebot im Gesetz?". Jesus aber sprach zu ihm: „Du sollst Gott, deinen Herrn, lieben von ganzem Herzen, von ganzer Seele und von ganzem Gemüt. Dies ist das vornehmste und größte Gebot." (Mat 22,36-38)

Aber wie gelingt es mir, in diese Gottesliebe „einzusteigen"?

In früheren Zeiten gab es in vielen Häusern, besonders im ländlichen Bereich, einen kleinen Hausaltar. Die verwendeten Utensilien sieht man heute zuhauf auf jedem Flohmarkt. Da werden die Tischkreuze, Jesus- und Madonnenfiguren massenweise zu Niedrigstpreisen verramscht, finden aber kaum mehr Abnehmer. Von den Rosenkränzen will ich gar nicht reden. Auch das ist ein untrügliches Zeichen dafür, dass alte Glaubenstraditionen sterben und es an der Zeit ist, neue Wege in der Hinwendung zu Gott zu gehen.

Der Hausaltar ist auch heute noch eine schöne Möglichkeit, sich Gott zuhause und in einer persönlichen Hingabe und Vertiefung zu nähern. Wem alte Symbole und Heiligenbilder nichts mehr sagen, kann sich möglicherweise mit einem Buddha, einer Kerze, einem Kristall oder einer goldenen Kugel eine kleine Ecke im Raum gestalten, die nur für den Zweck der Fokussierung auf das Höchste dient.

Jede Liebe will ausgedrückt werden, denn nur ausgedrückte Liebe macht Sinn. Drücke also deine Liebe zu Gott aus. Das kannst du auf verschiedenste Weise tun: du kannst mit Ihm reden und Ihm sagen, dass du Ihn liebst (ein Hausaltar wäre z.B. hierfür der geeignete Platz!). Du kannst für Ihn singen und tanzen und deine Freude und Liebe so zeigen. Und natürlich freut sich Gott über deine Gaben, wenn du Ihn lobpreist im Gebet, Ihm deine Dankbarkeit zeigst, Blumen kaufst und mit dem Duft von Räucherstäbchen erfreust. Jede Liebe will ausgedrückt und gepflegt werden.

Jeder, der nach Vereinigung mit Gott strebt, muss wissen, dass alle bestehenden religiösen Bekenntnisse ein und derselben Realität – Gott – huldigen. Gott hat unendlich viele Aspekte und Ausdrucksformen. Er kann sich uns persönlich oder unpersönlich, gestalthaft oder gestaltlos offenbaren. Wenn wir uns ein Ideal, eine göttliche Inkarnation, zum Zentrum unserer Hingabe wählen, und sie dann als eins mit dem innewohnenden Selbst und der transzendenten Realität annehmen, kommen wir leichter in die Versenkung und tiefe Gottesliebe. Deshalb verehren die Menschen auch Inkarnationen wie Buddha, Jesus, Sri Krishna, Sri Shirdi Sai Baba, Ahura Mazda und andere. Als ebenso hilfreich sei hier noch die Hinwendung an sogenannte Heilige, im Buddhismus `Bodhi-sattvas´ genannt, und Erleuchtete erwähnt, die als Helfer und Brückenbauer zum Göttlichen dienen.

Wir kennen in unserer christlichen Tradition die Marienverehrung, welche in Fernost der Guan Yin als Bild entspricht (Mutter der Güte und Barmherzigkeit). Weiterhin können auch Engel und Erzengel Helfer auf dem Weg zur Gottesliebe sein. Nehmen wir unsere Zuflucht zu einem solchen Lehrer und Meister, so nehmen wir unsere Zuflucht zu Gott selbst und richten unser Leben auf ihn aus. Die Gnade Gottes ruht bereits auf uns; damit wir jedoch diese Gnade erkennen können, muss zuvor das Herz geläutert sein. Und zur Reinigung des Herzens gelangen wir durch die regelmäßige Verrichtung spiritueller Übungen.

In einer Vedanta-Schrift (uraltes indisches Wissen) lesen wir: „Durch das Sammeln reiner Speisen wird das Herz gereinigt." Unter „Speisen" sind hier alle Eindrücke zu verstehen, die durch die fünf Sinne aufgenommen werden. Das Geheimnis dieser spirituellen Übung liegt also darin, alles mit der Gegenwart Gottes zu überdecken. Für unsere Übungen sollten wir uns feste Zeiten nehmen, die ausschließlich dem Gebet und der Kommunikation mit Gott vorbehalten sind. Durch ständige Verrichtung dieser Übungen erwächst im Herzen des Suchenden eine starke Rückbindung (*lat.* re-ligio) an Gott. Der Gedanke an seinen vielgeliebten Ursprung ist immer in seinem Bewusstsein. Jegliches Verlangen weicht von ihm, und nur ein Wunsch bleibt: Gott zu lieben und in totaler Selbsthingabe nach Seinem Willen zu leben. Auf diese reine und selbstlose Hingabe folgt die Versenkung in Gott und schließlich unser Eins-Werden mit ihm. Liebe, Liebender und Geliebter werden eins.

Diese Hingabe an Gott benötigt neben Geduld und Ausdauer unseren festen Wunsch zur Gottesrealisation, die Anstrengungen durch die täglichen Übungen und schließlich auch die Gnade, dass Gott uns entgegenkommt. Ich kann hier nur jeden ermuntern, so oder in ähnlicher Weise noch heute zu beginnen, die Samen zu setzen und dem Wachstum mit Geduld und Zuversicht wachsam und offen gegenüber zu sein, damit nach einiger Zeit die fühlbaren und erkennbaren Früchte zur Ernte reifen.

Auch zu diesem Thema habe ich in Indien während einer Vorlesung an einer spirituellen Universität eine wunderbare Geschichte gehört, die ich in aller Eile mitschreiben konnte und hier nun gerne weitererzählen möchte:

„Es war einmal ein König, der hatte keine Familie, keinen Sohn und keine Tochter, seine Frau war verstorben und er war alt geworden. Er war seiner Amtsgeschäfte müde geworden und wollte sich zur Ruhe setzen, aber er hatte niemanden, dem er sein Königreich hätte übergeben können.

Da er ein sehr ehrenwerter und gerechter König war, sagte er sich: na gut, jemand aus meinem Volk sollte die Regentschaft über das Reich übernehmen, entweder der neue König oder die neue Königin werden. Also sandte er seine Diener ins ganze Land aus mit der Botschaft: Wenn du dich bereit fühlst und glaubst, du hättest die Fähigkeit, dieses Königreich zu führen, so lädt dich der König ein, dich zu bewerben. An einem bestimmten Tag sollte jeder erscheinen, der sich für fähig hält. Und alle sollten in die königlichen Gepflogenheiten und Pflichten eingeführt und geschult werden, um sie auf die Führung des Landes vorzubereiten.

Als dieser bestimmte Tag da war, erschienen Hunderte, jung und alt, männlich und weiblich, jede Art von Menschen, aus allen Bereichen des Königreiches. Als alle versammelt waren, wurde ihnen erklärt, dass sie den König nicht persönlich treffen würden, sondern zuerst ein 6-monatiges Training absolvieren müssten, damit sie sich in den königlichen Regeln und Abläufen auskennen würden. Während dieser Zeit würden sie die einzelnen Stationen innerhalb der königlichen Palastanlagen sehen und dort die Tätigkeiten des Königs erlernen. Nach Abschluss dieser Ausbildung käme es dann zu einem persönlichen Treffen mit dem König und einer letzten Befragung durch ihn. Dann würden sie erst wissen, ob gerade sie die Verantwortung bekommen würden.

Als erstes kämen sie zu den königlichen Bädern, eine riesige Anlage mit vielen verschiedenen Becken und Räumen für die vielfältigsten Anwendungen. Danach sollten sie in die königlichen Kleiderkammern geführt werden, um die königliche Garderobe anzuziehen und den königlichen Schmuck anzulegen. Danach würden sie in die königlichen Stallungen geführt und würden lernen, wie man die königlichen Pferde hält, pflegt und reitet. Danach würden sie in Unterrichtssäle geführt, wo sie alles über

Politik, Gesellschaft, Justiz, Kriegsführung usw. lernen würden. Danach kämen sie zu weiteren Unterrichtsräumen, wo man sie Meditation lehrt und sie alles über die Religionen und Gott erfahren würden. Und schließlich würden sie den König in einer Audienz treffen.

Da alle einverstanden waren, kamen sie als erstes in die königlichen Badeanlagen, ergingen sich in den unterschiedlichsten Badevergnügen, Massagen etc. Danach betraten sie die königlichen Kleiderkammern, kleideten sich in Samt und Seide und wurden mit Schmuck ausgestattet. Währenddessen ging die Zeit voran.

Ungefähr eine Woche, bevor die Frist abgelaufen war, um in die Audienz mit dem König vorgelassen zu werden, wollte dieser von seinem Großwesir wissen, wie er es organisieren wolle, alle diese Leute einzeln zur Audienz vorzulassen und wie weit die Menschen in ihren verschiedenen Ausbildungsstationen fortgeschritten waren. Der Großwesir sagte: „Lass mich gehen und nachsehen, wie es steht." Als er nun durch die Palastanlagen ging, sah er, dass viele Menschen noch immer in den Badeanlagen verblieben waren. Einige hatten Geschäfte gegründet, gaben Massagen oder boten Sauna und andere Badevergnügen an. Der

Großwesir rief: „Was macht ihr hier, ihr solltet doch weitergehen zu den Kleiderkammern?" Sie sagten: „oh nein, bitte richte dem König unsere Dankbarkeit dafür aus, dass er uns diese großartige Möglichkeit gegeben hat, denn wir haben unsere Bestimmung im Leben gefunden. Und übrigens, hier ist meine Karte, bitte gib sie dem König, wir geben ihm auch einen guten Rabatt, wenn er mal eine Massage haben möchte."

Der Großwesir und seine Begleiter schüttelten nur den Kopf und gingen zur Kleiderkammer. Auch dort befanden sich noch viele Leute. Sie probierten die unterschiedlichsten Kleider an und betrachteten sich in einem der vielen Spiegel. Der Wesir rief: „Was macht ihr hier? Ihr solltet doch längst weiter gegangen sein, um euch fundiertes Wissen in den königlichen Stallungen anzueignen." Sie sagten: „Nein nein, sehen Sie doch hier: Armani, Chanel, Dolce & Gabbana und viel andere!" Wunderbare Geschäfte mit der neuesten Mode und extravagante Boutiquen mit teuerstem Schmuck waren entstanden. Auch sie gaben dem Großwesir ihre Visitenkarten und versprachen Rabatte für ihn und die Minister und baten ihn, dem König ihre Dankbarkeit auszudrücken. Nun ging der Großwesir zu den königlichen Stallungen, auch hier waren viele damit beschäftigt, die Pferde zum Springen, zur Dressur und vielerlei Kunststückchen zu erziehen, es gab Sattlereien und Geschäfte für alles rund ums Pferd. Als der Großwesir zu den Unterrichtsräumen für Politik und Gesellschaftsfragen kam, wurde dort heftig gestritten und debattiert. Und er fragte wieder, warum sie nicht weiter gegangen sind. Sie sagten, dass sie diese Angelegenheiten sehr interessieren würden und wenn der König neue Minister benötigen würde, stünden sie bereit. Also überall, wohin der Großwesir kam, waren die Menschen beschäftigt und blieben dort.

Der Großwesir kehrte zum König zurück und sagte: „Herr, wir brauchen mehr Zeit!" Der König fragte: „Warum, wir haben ihnen 6 Monate Zeit gegeben, warum jetzt noch mehr, was ist geschehen?" Und der Großwesir erklärte ihm die Lage. Und der König fragte: „Was ist mit der Meditationshalle?" „Es tut mir leid, Herr, da ist niemand drin," erklärte der Großwesir.

Und auch im Tempel der Heiligkeit, der die letzte Station gewesen wäre, bevor man den König persönlich getroffen hätte, ist keine einzige Person. Der Tempel der Heiligkeit ist der

Ort, wohin der König jeden Abend geht, sich entkleidet, in vollständiger Stille sitzt und sich komplett auflöst in einer Meditation des Eins-Sein mit Allem-Was-Ist. Der König schickte den Großwesir erneut in den Tempel der Heiligkeit um nachzusehen, ob wirklich niemand da ist. Und dieser kam zurück und bestätigte erneut: "Herr, es ist niemand da! Nur ein Reinigungs-Junge."

Der König fragte: „Ein Reinigungs-Junge, was macht der da?" Der Großwesir antwortete: „Nun ja, es ist seine Aufgabe, diese Räume zu reinigen."

Der König sagte: „Bring mir den Jungen!" Sie gingen und brachten den Jungen, ca. 12 Jahre alt, und der König fragte ihn: „Was machst du in meinem Tempel der Heiligkeit?" Der Junge antwortete: „Herr, ich bin jeden Tag dort und putze alle heiligen Dinge und achte auf sie. Das mache ich schon, seit ich ein kleines Kind bin." „Wirklich?", sagte der König, „ich habe dich dort nie gesehen."

„Nein, Herr," antwortete der Junge, „ich war immer in einer Ecke und habe dort auf dich gewartet."

„Was weißt du von all diesen königlichen Angelegenheiten?" fragte der König.

„Herr, was ich gesehen habe, ist, dass den König all diese Dinge erfreuen, alle Annehmlichkeiten und Vorteile, aber hier an diesem Ort ist er unberührt. Er gibt alles auf. Sie haben keinen Wert für ihn. Er zieht nicht nur seine Kleider aus, sondern auch seine Gedanken."

Und dann sagte der Junge: „Das ist mein liebster Ort".

Nun, Ihr werdet das Ende der Geschichte ahnen.

Der König sagte: „Nur *der* hier ist geeignet!"

In dieser das Herz berührenden Geschichte sind wir alle doch so trefflich beschrieben. Wir verausgaben uns im Alltag in unserer Geschäftigkeit; wir sind von der Welt mit all ihren Facetten so angetan, dass wir unser Ziel, warum wir hier sind, aus den Augen verlieren. Damit geben wir uns zufrieden und denken nicht mehr über unsere Bestimmung nach. Ich bin der Überzeugung, dass Gott von den meisten von uns nicht fordert, dass wir den ganzen Tag beten. Ein Gott, der selbst in seine Schöpfung und jedes Schicksal in jedem Moment eingreift, der fordert, wütet, rächt oder seine Geschöpfe leiden lässt, kann kein Gott der Liebe sein. Mein Gott hat eine Schöpfung geschaffen mit unfehlbaren, für alles und jeden gültigen Gesetze. Niemand, auch kein Mensch oder von Menschen installierte Glaubensstruktur muss für Gott die Welt regeln. Es ist schon alles geregelt!

Gott macht keine Fehler!

Die Liebe zu Gott entsteht zunächst im Verständnis der Zusammenhänge. Daraus wird Ehrfurcht und Hingabe, ja es kommt zu einer demütigen Einsicht des ungeheuren perfekten Schöpfungsplanes, den wir bis ins letzte Detail niemals verstehen werden.

„Gebt dem Kaiser, was des Kaisers ist und Gott, was Gottes ist!"

Wenn ich diesen Satz aus der Bibel höre, den Jesus zu den Pharisäern spricht, fällt mir natürlich sofort die augenscheinliche Trennung von Diesseits und Jenseits ein, von irdisch materieller Welt und geistig nicht-materieller Welt. Beide benötigen unsere Aufmerksamkeit gleichermaßen und uneingeschränkt. Wenn es uns gelingt, diese Balance in unserem Leben herzustellen und damit in ein Bewusstsein von All-Eins-Sein zu gelangen, können wir zu glücklichen Menschen werden.

Heiligkeit

Das Wort *Heilig* bezeichnet etwas Besonderes, Verehrungswürdiges und stammt wortgeschichtlich von *Heil* ab, was sich abgeschwächt noch in *heil* (ganz) wiederfindet (englisch: *holy*, von *whole*). Im allgemeinen Sprachgebrauch ist *heilig* ein religiöser Begriff mit der zugedachten Bedeutung zur göttlichen Sphäre zugehörig, einer Gottheit geweiht. Gleichbedeutend wird das Fremdwort *sakral* gebraucht, auch als Gegensatz zu *profan* (weltlich). (Definition nach wikipedia)

In der heutigen Zeit sind den meisten Menschen eher profane Dinge oder Umstände „heilig" anstelle von sakralen. Das kann unter anderem daran liegen, dass sich viele im Wandel der modernen Zeit mit der hohen Geschwindigkeit in den Veränderungen veranlasst gesehen haben, aus den erstarrten Strukturen der Kirche und des im Elternhaus gelebten Glaubens auszubrechen. Aus Enttäuschung über eine Zurschaustellung von ("Schein-") Heiligkeit durch Personen, die wir im Alltag alles andere als heilig erlebten, oder weil uns niemand mehr die Kernbotschaften, die Mystik und die "Geheimnisse des Glaubens" im Christentum wirklich überzeugend und "glaubhaft" vermitteln konnte, haben wir uns ernüchtert von unserer westlichen Religionskultur abgewandt. Mit diesem "Glaubens-Kehraus" haben wir höchstwahrscheinlich die *Heiligkeit* gleich mit aus unserem Herzen gefegt oder sie wurde einfach verschüttet, vergessen, nicht mehr gelebt.

Wir haben uns auf die Suche nach Antworten begeben, wollten nicht mehr alles einfach übernehmen (*glauben*), was uns andere als alleinige Wahrheit angeboten haben, sondern eher durch eigenes Erfahren und einen erweiterten Blickwinkel unseren persönlichen Zugang zu Gott finden. Begünstigt wurde diese Entwicklung durch das neue Medium „Fern-seher", der uns die Welt nach Hause brachte und neugierig machte, diese Welt mit ihren unterschiedlichen Sitten, Gebräuchen und Religionen für uns selbst zu erforschen – wir wollten einfach über den Tellerrand schauen. Wir konnten durch die neuen Möglichkeiten im Reiseverkehr in entlegene Länder und Subkontinente fliegen und dort die Tempel und Riten studieren. Durch die östlichen Angebote von Mediation und Yoga erschlossen sich neue Wege, die unserer Elterngeneration noch verschlossen waren. All das hat dazu geführt, dass wir uns von den dogmatisch straffen und durchstrukturierten Glaubensorganisationen entfernt haben, ihnen sozusagen entwachsen sind und uns vermeintlich emanzipiert haben. Dabei haben wir die tiefe Mystik, die doch auch in christlichen Ritualen wie z.B. der Eucharistiefeier liegen und die Freude der Begegnung in der "Communio" leider ebenfalls aus unserem Alltag entfernt.

Oft genug wurde durch Kirchenaustritt ein rigoroser Schnitt gemacht, ohne dabei zu bedenken, dass wir neben dem scheinbar überflüssigen religiösen Ballast (im Außen) auch den göttlichen Segen (im Innen) gleichsam mit "entsorgt" haben. Das daraus entstehende Leck, der leere Platz im Herzen, muss deshalb erneut mit Liebe, Sehnsucht und Hingabe an Gott gefüllt werden. Ich kann das hier so drastisch beschreiben, weil es meine eigene Lebenserfahrung ist. Allein die tiefe Sehnsucht nach Gott und meine feste Überzeugung, dass es uns möglich ist, Ihn auch schon in diesem Leben und in diesem Körper "wahr-zu-nehmen" und zu erleben, hat mich angetrieben, weiter nach Ihm zu suchen. Die spirituelle Suche darf jedoch nicht erneut durch Aufsaugen und unkritisches Adaptieren verschiedenster Theorien und Konzepte, die als vielfältige Wege auf einem riesigen Esoterikmarkt angeboten werden, im Kopf versanden. Wir sollten die angebotenen Möglichkeiten prüfen, unsere Erfahrungen machen und für uns mit unserer *Wahr*-nehmung die eigene, in uns wohnende göttliche Wahrheit finden. Wenn wir in unserer Mitte sind, in der Ruhe und Kraft, wenn wir unseren Frieden mit uns selbst, unserer Vergangenheit und Gegenwart haben, ja, wenn wir unseren Frieden mit Gott haben und in Ihm ruhen, dann sind wir mit Sicherheit auf dem richtigen Weg - unserem Weg.

Durch die *Heiligkeit* werden Rituale und Begegnungen mit dem Göttlichen eben zu dem Besonderen, zu der tiefen spirituellen Erfahrung, die uns mitten ins Herz trifft und dort für dessen Öffnung sorgt. Die Begegnung mit Gott ist auf unsere Herzensöffnung angewiesen, denn nur von dort aus kann unsere Liebe zu Gott fließen und dort erfahren wir Seine. Das ist über den Verstand nicht zu erreichen.

Wir können Heiligkeit über viele Wege erfahren. Schau dir im Frühjahr eine Knospe an, wie sie Tag für Tag größer wird und sich zu einem Strauß von Blättern entwickelt – welch ein Wunder des Lebens, der Göttlichkeit, im wahrsten Sinne des Wortes HEILIG. Jedes Leben ist heilig. Die Natur ist heilig. Die Schöpfung ist heilig. Gott, der sich in allem ausdrückt, ist heilig.

Ich behaupte, dass wir uns durch Konzentration auf ein Heiligenbild oder Heiliges Bild mit dem Göttlichen in Verbindung setzen können. Ein heiliger Raum mit einem Altar, wo sich die göttlichen Energien alleine durch unsere Konzentration auf die dargestellten Bildnisse, Symbole, Skulpturen bündeln, bringt uns in den Kontakt mit Gott. Die Verneigung vor dem Heiligen Bild oder der Statue gibt unserer Hingabe und Liebe Ausdruck. Oft wird eine ehrfurchtsvolle, kniende oder gar hingestreckte Demutshaltung vor dem Altar als persönliche „Erniedrigung" zurückgewiesen. Es erscheint nicht mehr zeitgemäß, Demut gegenüber einer höheren Instanz auszudrücken. Ich sehe es aber nicht als Erniedrigung an, wenn ich dem Höchsten meinen Respekt zolle und meine Liebe ausdrücke, indem ich Ihm zeige: "ich weiß, dass DU viel größer bist als ich". Jeder von uns kennt das Bild des betenden Moslems, der kniet und mit der Stirn den Boden berührt. In diesem Moment ist der Kopf tiefer als das Herz, bildlich gesprochen unterwirft der Mensch den Verstand dem Herzen. Wenn die

Menschen allesamt aus dem Herzen leben würden, dem Wohnsitz des Göttlichen in jedem von uns, dann wäre diese Erde das Paradies.

In diesem Zusammenhang ist es vielleicht hilfreich, sich über das Kirchengebäude als Tempel, als „Gottes Haus", noch ein paar Gedanken zu machen.

Gotteshaus

Das Christentum unserer Heimat unterscheidet sich nicht im Geringsten von der tiefen Religiosität in anderen Erdteilen, wo ebenfalls Tempel gebaut wurden, um das Göttliche zu verehren, wo man wie bei uns vor Bildern und Statuen Lichter aufstellt und betet. Lediglich die Bilder und Figuren sind anders; die Namen der Heiligen, die Sprachen, in welchen die Gebete gesprochen werden und natürlich auch die Rituale sind anders als hier. Besonders in Indien sieht man riesige Tempelanlagen von ungeheuren Ausmaßen, in welche zu Heiligen Festen Hunderttausende Menschen zusammenkommen. Aber auch in Asien und dem dort vorherrschenden Buddhismus haben die Menschen Gott zu Ehren wunderschöne und prächtige Tempel gebaut. In unserer heutigen, technisch so fortschrittlichen Zeit, wo *"Gottesdienst"* nicht mehr als notwendig angesehen wird und überhaupt die Verbindung zu Gott zweifelhaft in Frage gestellt wird, werden oft auch die Heiligtümer der Religionen nur noch als Artefakte längst vergangener Epochen betrachtet.

Hierzu gebe ich auszugsweise eine kleine Betrachtung des indischen Gelehrten *Sri Chandrasekarendra Saraswati* wieder, der wunderschön die Verehrung Gottes im Tempel und über Zuhilfenahme von Bildern und Statuen erklärt:

"Gott existiert überall. Deshalb könnte eine Frage lauten: „Warum sollten dann überhaupt Tempel für Ihn gebaut werden?"

Wir wissen, dass Gott allgegenwärtig existiert, aber diese Vorstellung ist in unserem Verstand noch nicht fest verankert. Sie spiegelt sich nicht in unseren täglichen Handlungen wider: Wenn man ständig Gott vergegenwärtigt, wie kann dann überhaupt falsches und böses Handeln entstehen? Wenn Gott also allgegenwärtig ist, wie kann Er uns helfen? Wir sehnen uns alle irgendwie nach Seiner Gnade. Also haben wir uns Ihm hinzugeben und erhalten die Gnade. Die alten religiösen Texte erklären uns, wie das zu bewerkstelligen ist. Die Sonnenstrahlen enthalten eine Menge Hitzeenergie. Wenn wir ein Kleidungsstück in die Sonne legen, entzündet es sich nicht von selbst. Aber wenn wir eine Lupe nehmen und die Sonnenstrahlen auf das Kleidungsstück bündeln, wird es nach einer

Weile Feuer fangen. Ähnlich ist es bei Elektrizität, die überall vorhanden ist, aber um sie zu unserem täglichen Gebrauch nutzbar zu machen, benötigen wir Transformatoren und Übertragungssysteme, um sie an die Orte des Bedarfs zu bringen. Auf gleiche Weise müssen wir Tempel bauen, um die Gnade des allgegenwärtigen Gottes zu erlangen; hier können wir die Macht Gottes einfach auf ein geweihtes Bild oder eine Figur zu unserer Erbauung konzentrieren. Die Verehrung dieser Statuen (Götterbilder) ist in unserer Religion (Hinduismus) sehr wichtig für die Allgemeinheit. Wenn wir uns vor einer Gottesdarstellung verbeugen oder vor der Gottheit in dem geweihten Abbild beten, denken wir niemals, dass dies nur ein Stück Stein wäre, sondern dass die Gottheit in dem geweihten Abbild der Beschützer und die Urquelle der ganzen Schöpfung ist. Folglich helfen die Tempel dem Menschen bei seiner Hingabe an Gott und diese Hingabe hilft ihm, sein Leiden zu lindern oder gar zu überstehen." (soweit *Sri Chandrasekarendra Saraswati*)

Wie das Sonnenlicht durch die Lupe gebündelt wird und die Kraft hat, materielle Dinge zu entflammen, so können wir Gott durch das Bündeln unserer Hingabe und Aufmerksamkeit in unserem Herzen erfahren. Wer kennt nicht die

Heiligenbilder unserer Großeltern, die Jesus und Maria mit brennenden Herzen zeigen? Wer dieses Phänomen selbst einmal in tiefer Versenkung, Hingabe und Liebe zu Gott erfahren hat, der ist für sein Leben gesegnet, er weiß um Gottes Präsenz und muss nicht mehr glauben.

Bei Rudolf Steiner, dem großen Geist und Begründer der Anthroposophie, fand ich folgende Erklärung:

"Die Religionen haben in ihren Zeremonien, Sakramenten und Riten äußerlich sichtbare Abbilder höherer geistiger Vorgänge und Wesen gegeben. Nur wer die Tiefen der großen Religionen noch nicht durchschaut hat, kann diese verkennen. Wer aber in die geistige Wirklichkeit selbst hineinschaut, der wird auch die große Bedeutung jener äußerlich sichtbaren Handlungen verstehen. Und für ihn wird dann der religiöse Dienst selbst ein Abbild seines Verkehrs mit der geistig übergeordneten Welt." (Zitat aus dem Werk von Rudolf Steiner: „Wie erlangt man Erkenntnisse der höheren Welten")

Obwohl ich seit über 20 Jahren nicht mehr Mitglied der Katholischen Kirche bin, nehme ich heute wieder häufiger an Gottesdiensten als Gasthörer teil. Zum Tisch des Herrn darf ich ja nicht mehr, da ich als Wiederverheirateter und zweifach Geschiedener sowieso exkommuniziert wurde und das auch einer meiner Gründe war, aus dieser Kirche auszutreten. Aber die Feier der Messe in der Basilika, der Lobpreis des Herrn und die Mystik der Rituale wärmen mir nach wie vor das Herz. Ich kann hier freimütig von sehr bewegenden Präsenzerlebnissen berichten, wie ich sie seinerzeit erstmalig in Indien kennenlernte. Diese Phänomene sind natürlich nicht die Regel, sie geschehen plötzlich und völlig unerwartet, während man vielleicht in einer eigenen Versenkung ist, aber sie sind so beeindruckend, dass sie zutiefst glücklich machen.

Gott-Anschauung

Während meines Studiums an der indischen spirituellen Universität begann eines Morgens die Vorlesung mit der Anweisung des Lehrers, wir sollten uns unseren eigenen Gott kreieren, also selbst schöpfen und gestalten. Es entstand eine ziemliche Unruhe im Saal und besonders die Westler waren verwirrt und teilweise auch empört. Der indische Lehrer bemerkte das natürlich, aber er ließ uns Zeit, über unsere Gefühle zu dieser „ungeheuerlichen" Aufforderung nachzudenken. Als langsam Ruhe einkehrte, lachte er und sagte: „Warum regt Ihr Euch jetzt auf, das habt Ihr doch seit Jahrhunderten schon so gemacht!" Im Folgenden zeigte er uns auf, wie und durch welche Schriften unser Gottesbild entstanden war. Gleichzeitig führte er uns damit natürlich auch zu unserem inneren Zwist, den er wohl genau kannte. Er bedeutete uns nun in dieser Vorlesung, dass wir *den* Gott bekommen, den wir uns vorstellen. Wollen wir einen zornigen, rächenden und strafenden Gott, so wird dieser unser Leben bestimmen. Wählen wir dagegen einen liebenden, gnädigen, barmherzigen und großzügigen Gott, wird unser Leben ebenfalls

diese Prägung nehmen. Von unserem Gottesbild hängt unser Bild vom Leben, von uns
selbst und von unseren Nächsten ab. Wir bekamen vor Augen geführt, dass es alleine unsere
Entscheidung ist, welche Attribute wir Gott zu-
ordnen. Das ist selbstverständlich eine wichtige
Voraussetzung für unsere Bereitschaft, Gott zu
lieben. Viele Teilnehmerinnen der Kurse in Indien waren gerade aus diesem Grunde dort,
um ein annehmbares Gottesbild zu bekommen.
Sie hatten eine ablehnende Haltung gegen Gott
Vater im Christentum entwickelt, die sie sehr
unglücklich machte. Der „alte Mann mit wei-
ßem Bart" war für sie mit der Zeit unerträglich
geworden und die indischen Lehrer arbeiteten
sehr feinfühlig heraus, dass oftmals Konflikte
mit dem eigenen Vater in der Kindheit der Aus-
löser für diese Ablehnung waren. Daneben kamen generelle Probleme mit Männern zutage,
die sich teilweise aus den patriarchalischen Kir-
chenstrukturen und dem Unverständnis des
Zölibats herleiten ließen. Insgesamt wurden
uns Zusammenhänge aus spiritueller Sicht vermittelt, die wir so zuhause noch nie gehört hatten, die aber vom Herzen her sofort verstanden
werden konnten. Die Lehrer legten stets Wert
darauf, dass wir nicht urteilten, sondern unterscheiden lernten. Wenn wir unterscheiden lernen, können wir das wichtige und für uns

wahrhaftige vom unwichtigen und für uns nicht annehmbaren trennen. Dabei kommt es auf die Art und Weise unserer Betrachtung an. So ist es wichtig, wie wir die Dinge anschauen, ob mit dem Verstand oder dem Herzen.

Hierzu erzählte man uns diese kleine Geschichte:

Ein junges Ehepaar zieht in eine neue Nachbarschaft. Am nächsten Morgen beim Frühstück, sieht die junge Frau draußen ihre Nachbarin beim Aufhängen der Wäsche.

„Diese Wäsche ist nicht besonders sauber", sagt sie. „Sie weiß nicht wie man richtig wäscht. Vielleicht braucht sie auch ein besseres Waschmittel."
Ihr Mann sieht hin, bleibt aber still. Jedes Mal, wenn ihre Nachbarin die Wäsche zum Trocknen aufhängt, macht die junge Frau die gleiche Bemerkung.

Ungefähr einen Monat später sieht die Frau schöne saubere Wäsche an der Leine hängen und sagt zu ihrem Mann überrascht: „Schau, sie hat gelernt wie man richtig wäscht! Ich frage mich, wer ihr das beigebracht hat."

Der Mann sagt: „Heute Morgen bin ich früh aufgestanden und habe unsere Fenster geputzt."

Und so ist es auch im Leben. Was wir beim Betrachten anderer sehen, hängt von der Reinheit des Fensters ab, durch das wir hindurchblicken. Das betrifft nicht nur unser Gottesbild, sondern auch das unserer Mitmenschen genauso wie unser Weltbild.

Welt-Anschauung

Wenn wir erst einmal verstanden haben, wie der Hase läuft, können wir uns immer mehr daran gewöhnen, eine positive Lebenseinstellung über die Art und Weise unserer Betrachtung der Welt zu gewinnen. Damit will ich dir nicht eine rosarote Brille verkaufen, sondern eher an die Lupe, den Fokus erinnern. Richte deine Aufmerksamkeit jeden Moment auf das Gute im Leben, was dir widerfährt und was du alles hast. Vermeide es, dich auf vermeintlichen Mangel zu konzentrieren und daran festzuhalten. Auch dazu gibt es eine schöne Geschichte:

Es war einmal ein Kloster, das sehr streng war. Nach dem Ablegen eines Schweigegelübdes war es niemandem mehr erlaubt, überhaupt zu sprechen. Aber es gab eine Ausnahme von dieser Regel. Alle zehn Jahre durften die Mönche nur zwei Worte sprechen. Nachdem ein Mönch seine ersten zehn Jahre im Kloster verbracht hatte, ging er zum Abt.

„Es sind zehn Jahre gewesen", sagte der Abt. „Welche zwei Wörter sind es, die du gerne sagen möchtest?"

„Bett...hart...", sagte der Mönch.

„Ich verstehe", sagte der Abt.

Zehn Jahre später kam der Mönch erneut zum Büro des Abts.

„Es sind weitere zehn Jahre vergangen", sagte der Abt. „Welche zwei Wörter möchtest du gerne sagen?"

„Essen…stinkt…", sagte der Mönch.

„Ich verstehe", antwortete der Abt.

Noch einmal zehn Jahre gingen ins Land und noch einmal traf sich der Mönch mit dem Abt, der ihn fragte: „Welches sind deine zwei Worte nun, nach diesen zehn Jahren?"

„Ich gehe!", sagte der Mönch.

„Nun, das kann ich verstehen," sagte der Abt. „Das Einzige, was du in den letzten dreißig Jahren getan hast, war, dich zu beklagen!"

Würdest du darauf wetten, dass dieser Mönch 30 Jahre lang glücklich im Kloster gelebt hat und aus frohem Herzen seinen Dienst in der Gemeinschaft geleistet hat?

Für eine positive Weltanschauung ist eines von fundamentaler Bedeutung, nämlich die Dankbarkeit. Sie ist dein Schlüssel zum Glück.

Obwohl wir in Deutschland jetzt schon 70 Jahre lang im Frieden leben, die Nation nach 30

Jahren Trennung das Glück einer gewaltlosen Wiedervereinigung erleben durfte, wir in Wohlstand und Fülle tägliche Geschenke als selbstverständlich ansehen, die für Milliarden Menschen zeitlebens ein Traum bleiben werden – obwohl wir dies alles haben, sind wir unzufrieden, hetzen atemlos durch unser Leben, immer auf der Suche nach dem nächsten Kick und wir haben uns dabei so weit von Gott entfernt, wie es nur möglich ist.

Mein persönliches Rezept, Dankbarkeit zu lernen, ist ihre Übung zu festen Zeiten. Morgens nach dem Aufstehen ist für ca. 15 Minuten die erste Gelegenheit, sich vor den Hausaltar zu setzen und Gott für die vergangene Nacht zu danken. Du kannst dankbar dafür sein, dass du aufgewacht bist, dass du aus eigener Kraft und ohne fremde Hilfe aus dem Bett steigen konntest. Du kannst dankbar dafür sein, dass du in dieser Nacht ein Dach über dem Kopf hattest, eine bequeme und saubere Lagerstatt, dass du in Frieden schlafen konntest und niemand auf dich geschossen hat oder du verfolgt wurdest. Du kannst dich dafür bedanken, dass du Zugang zu frischem, sauberem Wasser und zu gesundem Essen hast und auch mehr als genug Sachen zum Anziehen.

Wir nehmen all diese Dinge in unserer Wohlstandsgesellschaft als völlig normal an, vergessen aber dabei, dass Millionen Menschen auf der Welt dies alles in ihrem Leben kaum erreichen werden. Durch die tägliche Dankbarkeit lernen wir, unseren Wohlstand zu schätzen und können unsere Aufmerksamkeit auf die Fülle lenken. Auch tagsüber können wir Gott bei jeder Gelegenheit innerlich für die guten und schönen Momente danken. Dadurch gelingt es uns, immer mehr im Hier und Jetzt zu leben.

Eine große Beeinträchtigung unserer Lebensqualität liegt in unserem Verstand, der uns stets dazu verleitet, ins Gestern oder ins Morgen abzuschweifen, statt im Hier und Jetzt zu sein. Was wäre heute, wenn das Gestern anders gelaufen wäre? Was wird morgen sein? Diese bohrenden Fragen kreisen im Kopf und hindern uns daran, den Moment zu erleben. Wir sitzen sonntags mit einem Eis in der Sonne und im Kopf läuft schon ab, was montags wohl auf der Arbeit alles ansteht. Kann man da noch das Eis mit vollem Bewusstsein genießen?

Doch was können wir tun, um unseren Verstand zu beruhigen?

Bewusstsein

Ein wesentliches Element für das Wachstum unseres Bewusstseins ist die Achtsamkeit. Viele Seminare werden heute speziell zu diesem Thema angeboten. Allein dadurch, dass ich mir des Problems klar werde, wie schnell ich in die Vergangenheit oder auch die Zukunft abdrifte und damit meine Gedanken vom Hier und Jetzt ablenke, schärfe ich meine Achtsamkeit darauf. Das genügt als Anfang völlig aus. Möchte ich mir das Rauchen abgewöhnen, muss ich unbedingt meine Aufmerksamkeit darauf richten, wann ich wieder zur Zigarette greife. Ebenso ist es bei den Gedanken wichtig, die Achtsamkeit auf ihre Entstehung zu richten und mit Disziplin und Übung langsam eine Art Hygiene im Kopf zu installieren. Ob es Gedanken über gestern und morgen sind, über gut und schlecht bei den Mitmenschen oder in der Welt, ob ich mich sorge oder ob ich fröhlich bin, die Beobachtung und Wahrnehmung meiner selbst ist bereits eine grundlegende Bewusstseinsschulung. Wir leben in einer Welt, die uns wie eine Achterbahn hin und her und rauf und runter schleudert. So etwas kann ja mal ganz nett sein, aber als Dauerzustand ist es für Menschen nicht geeignet. Vielmehr sehe ich uns als Wesen in einem materiellen Körper, die eine Art Bindeglied zwischen Himmel und Erde sind. Mit dem irdischen Körper verbunden und fest mit den Beinen auf der Erde stehend strebt unser Geist vom Herzen aus über den Kopf zum Himmel. Dabei sollte der Verstand, das Gehirn, nicht unser Meister sein, sondern das Herz. Wir benötigen den Verstand, um im Leben unseren Platz zu finden und unsere Aufgaben auszuführen, aber der Motor unseres Seins und der Wohnsitz des Ewigen, Unsterblichen, unserer Seele, ist das Herz im Körper. Von hier aus sollten die lebenswichtigen Impulse kommen und vom Verstand umgesetzt werden.

Im Jahrhundert der Hochtechnologie und der bahnbrechenden Entwicklungen in Forschung und Medizin ist für viele Menschen ihre Lebensplanung zuerst einmal auf Karriere und Wohlstand ausgerichtet statt auf seelische Entwicklung im Hinblick auf geistiges Wachstum. Solange wir imstande sind, den Ansprüchen und der enormen Geschwindigkeit einer gesellschaftlichen Hyperaktivität gerecht zu werden, funktioniert unser körpereigenes System noch.

Wir sehen aber in den letzten Jahrzehnten zunehmend Probleme im Bereich von Burnout und Depression, selbst in der Kinderpsychiatrie können kaum mehr Plätze angeboten werden. Termine beim Psychiater zu erhalten benötigt viel Geduld, weil deren Praxen von den Hilfesuchenden überrannt werden. Aber was können wir dagegen tun?

Eine Antwort möchte ich wieder mit einer Geschichte aus Indien anbieten:

Es war einmal ein König, der seiner Tochter, der Prinzessin, ein wunderschönes Brillantcollier schenkte. Unglücklicherweise wurde das Collier bald darauf gestohlen und alle Einwohner des Königreiches suchten und suchten, konnten es aber nicht finden. Einige meinten, ein Vogel könnte es gestohlen haben. Daraufhin bat der König die Einwohner seines Landes, nochmals alles abzusuchen und versprach für den Finder der Halskette eine Belohnung von 50.000 Dollar.

Eines Tages ging ein Arbeiter auf dem Heimweg von der Fabrik an einem Fluss entlang, der mitten durch das Industriegebiet floss. Der Fluss war ekelhaft dreckig und stank fürchterlich. Wie er nun so da lang ging, sah er im Fluss etwas schimmern, und als er näher hinsah, erkannte er das Diamantcollier. Also entschied er sich, zu versuchen, das Schmuckstück zu greifen, um die Belohnung von 50.000 Dollar zu erhalten. Also steckte er seine Hand in den ekligen Abwasserkanal, aber so oft er es versuchte, es gelang ihm nicht, das Schmuckstück zu greifen. Er zog seine Hand aus der stinkenden Brühe, sah wieder hin, doch das Collier war immer noch im Wasser. Also versuchte er es aufs Neue, diesmal stieg er in den Fluss, beschmutzte dabei auch noch seine Hosen im Dreckswasser und tauchte seinen ganzen Arm in die Brühe, um die Halskette zu erwischen. Aber seltsamerweise, er verfehlte sie wieder! Er kletterte aus dem Fluss und wollte weggehen, reichlich frustriert. Aber da sah er schon wieder das Diamantcollier, genau vor sich im Wasser. Dieses Mal war er fest entschlossen, es zu kriegen, was er auch immer dafür tun musste. Also sprang er in die Kloake, tauchte und suchte den Boden überall ab – aber, es gelang ihm nicht, das Schmuckstück zu greifen. Jetzt war er wirklich fassungslos und kam reichlich deprimiert aus dem Wasser, weil er das Collier nicht in seinen Besitz bringen konnte, um die Belohnung von 50.000 Dollar zu erhalten.

In diesem Augenblick kam ein heiliger Mann, ein Sadhu, des Weges. Er sah ihn an und fragte, was mit ihm los sei. Der Arbeiter hatte natürlich keine Lust, das Geheimnis mit dem Weisen zu teilen, denn er dachte, dieser könne das Collier selbst rausfischen, und somit sträubte sich alles in ihm, dem heiligen Mann irgendetwas zu erzählen. Aber der Sadhu konnte sehen, dass der Arbeiter sehr verwirrt war und weil er Mitleid hatte, fragte er ihn erneut, was sein Problem sei, er würde auch niemandem etwas davon erzählen. Nun nahm der Arbeiter allen Mut zusammen und entschied sich, dem Heiligen zu vertrauen. Er erzählte dem Weisen von dem Schmuckstück und wie er wieder und wieder versucht hatte, es zu erlangen, aber immer wieder versagt hat.

Als der Heilige die Geschichte gehört hatte, sagte er zu dem Arbeiter: „Du solltest vielleicht mal nach oben schauen, in die Bäume, statt auf den schmutzigen Fluss."

Der Arbeiter sah nach oben und tatsächlich, da baumelte die Halskette an einem Ast. Er hatte die ganze Zeit versucht, das Spiegelbild im Wasser zu fangen.

Was ist nun die Moral von dieser Geschichte?

Materielle Dinge sind so wie der schmutzige

Fluss, denn sie sind nichts anderes als ein Spiegel des wahren Glücks der geistigen Welt. Wir können niemals im Materiellen das Glück erreichen, wonach wir streben, egal wie hart wir auch dafür im Alltag arbeiten. Stattdessen sollten wir nach oben schauen, aufschauen zu unserem Göttlichen, und das hinterherrennen nach den Spiegelbildern dieses Glücks in der materiellen Welt sein lassen. Diese Hingabe ist das Einzige, was uns wirklich vollkommen zufrieden machen kann.

Um nicht missverstanden zu werden, ich möchte hier nicht Fleiß, Disziplin und Arbeit im Streben nach einem weltlichen Wohlstand zerreden, das ist selbstverständlich legitim und der Mensch braucht dies zur Selbstverwirklichung im materiellen Leben. Das sollte aber nicht so weit führen, dass dieses Streben zum alleinigen Antrieb und Lebensinhalt wird. Damit laufen wir nämlich Gefahr, irgendwann trotz allem, was wir erreicht und vielleicht an Reichtümern aufgehäuft haben, die Bestimmung unserer hiesigen Existenz völlig aus den Augen zu verlieren.

Wie bei allem im Leben ist auch bei der Entwicklung des Bewusstseins unsere Geduld ganz wichtig. Sicher kennst du das Bild eines

Blumentopfes, in den du vor einiger Zeit einen kleinen Samen gesteckt hast. Nach ein paar Tagen erscheint ein winziges grünes Spitzchen und wird zu einem kleinen Stängelchen mit einem Blättchen. Kannst du jetzt daran ziehen und es größer machen? Nein, du würdest es zerstören. Du musst Geduld haben, bis das Pflänzchen wächst und von selbst größer wird. Genauso geht es mit der spirituellen Entwicklung deines Bewusstseins. Es gehört viel Geduld zum Wachstum, aber auch ein fester Willen und Übungen. Nichts wächst von allein, auch das Pflänzchen muss gegossen werden. So wächst dein Bewusstsein durch Achtsamkeit, Übungen, Lernen und Studieren sowie durch Anwendung des Gelernten im Alltag.

Wenn wir an dem Wachstum unseres Bewusstseins arbeiten wollen, ist es hilfreich, die Irrtümer zu kennen, in die wir als Menschen so gerne verfallen. Diese Irrtümer haben mir meine indischen Lehrer wie folgt aufgezählt:

14 Irrtümer im Leben (aus den Beziehungslehren von Sri AmmaBhagavan)

1.   zu versuchen, eigene Maßstäbe von richtig und falsch aufzustellen und dann zu

erwarten, dass jeder damit überein-
stimmt.

2. für uns die Vergnügungen anderer ebenfalls auszuprobieren bzw. sie zu bewerten.

3. übereinstimmende Meinungen in der
Welt zu erwarten.

4. uns selbst und andere über Dinge zu be-
unruhigen, die nicht geändert werden
können.

5. bei Kindern eine Urteilsfähigkeit und Erfahrungen zu erwarten.

6. sich zu bemühen, alle Veranlagun-
gen/Einstellungen/Charaktere in *eine*
Form zu pressen.

7. um unwichtige Dinge zu kämpfen.

8. in unseren eigenen Handlungen nach
Perfektion zu suchen.

9. nicht alles das zu erleichtern, was es zu
erleichtern gäbe, falls wir es können.

10. die Schwächen anderer nicht zu erlau-
ben.

11. all das als unmöglich zu erkennen, was
wir nicht erbringen können.

12. den Tag, die Zeit, den Moment als so wichtig zu leben, als ob er ewig anhalten würde.

13. nur das zu glauben, was unser begrenzter Verstand begreifen kann.

14. andere nach den Äußerlichkeiten zu bewerten, wo doch die inneren Qualitäten zählen.

Besonders der vorletzte Punkt erscheint mir im Rahmen dieses Buches einer näheren Betrachtung würdig. Hier wird expliziert gesagt, dass es ein Irrtum ist, nur das zu glauben, was wir verstehen können. Das heißt im Klartext, dass wir durchaus auch Übernatürliches oder Metaphysisches als unsere Wahrheit annehmen können, sofern wir diese für uns erkannt haben. Diese Aussage schließt aber eine Prüfung dessen, was wir bereit sind zu glauben, durch unseren Verstand nicht aus. Der einzige Glauben, der uns bei unserem spirituellen Wachstum wirklich voranbringt, ist die Erkenntnis. Damit bezeichne ich eine Gewissheit im Herzen, im Gemüt, der auch der Verstand nicht mehr im Wege steht. Dazu bedarf es des unbedingten Willens zur Erkenntnis, der unermüdlichen Suche voller Geduld und der Akzeptanz von Wundern, die daraus im Inneren geschehen können. Zuerst das Zulassen und die Wahrnehmung und dann das Annehmen der Veränderung ist das Geheimnis des Weges.

Wenn wirklich ein neues Zeitalter anbricht, wie viele Bewusstseins-Lehrer heute so gerne verkünden, dann müsste sich neben einer rücksichtsvolleren, sozialeren Weltanschauung auch das Gottesbild entscheidend verändern. Das Problem liegt meiner Meinung nach in dieser Welt an dem, was wir glauben und wie wir uns und unsere Welt sehen. Die alten Glaubenskonzepte und Dogmen stammen zum großen Teil noch von unseren Ahnen und halten unseren Geist nach wie vor umklammert. Die jungen und modernen Generationen haben sich der Wissenschaft und Technik zugewandt und lehnen den alten Glauben für sich ab, ohne sich jedoch um ein neues Bild der Geisteswelt zu bemühen. Sie vertrauen eher auf den Fortschritt in der materiellen Welt als an eine persönliche Evolution des unsterblichen Selbst zu denken. Hier ist kaum mehr Platz für die irrationalen Geschichten aus alten Büchern, deren Wert für den heutigen Alltag bezweifelt wird. Das Unvermögen der Kirchen, ein holistisches Weltbild mit Gott als Quelle allen Seins, höchster Instanz und alles durchdringender Kraft zu ver-

mitteln, trägt dazu bei, dass der „Glauben" ra-
pide an gesellschaftlicher Bedeutung verloren
hat.

Die Beerdigung Gottes

Für das Sterben des Glaubens an Gott, was im Christentum seit längerem zu beklagen ist, gibt es meines Erachtens verschiedene Gründe:

- Das historische Angebot der Geschichten und Schriften sowie die verknöcherten, teils unnatürlichen Vorschriften und Gesetze der Kirche überzeugen eine moderne, wissenschaftlich orientierte Gesellschaft nicht mehr.

- Die geheimnisvolle Mystik und der spirituelle Hintergrund des Glaubens werden von Organisation und weltlichem Gepränge der Kirche überdeckt und erstickt.

- Anstatt die Menschen auf einen Heilsweg zu führen, nehmen die Kirchen immer mehr weltliche Interessen wahr und versuchen, regulierend in den sozialen Alltag einzuwirken.

- Das angestammte Sendungsbewusstsein und Gottes angeblicher Auftrag als Stellvertreter lässt den Klerus fest an das glauben, was er seit Jahrhunderten in seinen Statuten zementiert hat. Damit entfällt jegliche Selbstkritik und Überprüfung dieser Statuten.

- Die völlig unbefriedigende und nebulöse Darstellung von Tod, Schuld, Sühne und Jenseits verhindert Eigenverantwortlichkeit sowohl beim Klerus als auch bei den Gläubigen.

- Das zwanghafte Festhalten an alten Strukturen und Denkmodellen kann nicht verhindern, dass sich eklatantes Fehlverhalten einiger Priester zu einem handfesten öffentlichen Skandal entwickelt. Im Gegenteil führt es dazu, dass versucht wird, die Vorkommnisse zu verschleiern und Sanktionen zu verschleppen.

- Die Kirche versteht sich als Festung, die von Außenstehenden kaum betreten werden darf, die ihre eigenen Soldaten selbst vor berechtigten Anklagen schützt und im Zweifel in die Burg zurückholt.

- Die Öffentlichkeit und auch die Gläubigen, die noch zu ihrer Kirche halten und dort integriert sind, haben die Nase voll vom „Wasser predigen und Wein trinken" der hohen geistlichen Herren.

- Gott kommt in diesem ganzen Trauerspiel eigentlich nicht mehr vor. Das nenne ich die „Beerdigung Gottes".

Nun bin ich ja nicht der Einzige, der diese Zustände beklagt. Wesentlich namhaftere und bedeutendere Schriftsteller, Journalisten, Theologen und gläubige Laien haben vor mir Bücher geschrieben und versucht, Denkanstöße für eine Erneuerung der Kirche zu liefern. Dies geschah jedoch nicht aus einer Feindseligkeit dem Klerus oder der Institution Kirche gegenüber, sondern in der guten Absicht, etwas Konstruktives zu einer positiven Veränderung des gelehrten Glaubens beisteuern zu können. Denn es ist der gelehrte und vorgelebte Glauben, der einer Mehrheit der Laien immer unglaubwürdiger erscheint.

Es sind die erstarrten Lehren, die überprüft und korrigiert werden müssen. Sie müssen menschlicher werden, damit die Menschen wieder zu Gott finden können. Es muss den Menschen wieder mehr Verantwortlichkeit für ihr eigenes Leben gegeben werden. Sie müssen verstehen, dass sie selbst für ihr Handeln und ihre Beziehungen zum Nächsten und zu Gott zuständig sind.

Nicht Gottes willkürlicher Zorn oder seine erflehte Gnade bestimmen mein Leben, sondern in erster Linie meine Taten und das, was ich zu tun unterlasse. Nicht Gott schafft mir mein Karma, sondern ich ganz allein. Wenn ich das verstanden habe, kann ich vielleicht mein Leben selbstbestimmt in die Hand nehmen und eines Tages reicht Gott mir das Schwert der Erkenntnis, welches das Nützliche und Gute vom Unnützen und Schlechten trennt.

Dazu habe ich vorher viel Eigenleistung erbringen müssen, viel Geduld bei meinen Übungen und meiner Suche aufbringen müssen und konnte mich nicht selbstgefällig jeden Sonntag in eine Kirchenbank fallen lassen in der Gewissheit, dass mir ein Platz im Himmel sicher ist. Wie schon gesagt, mir ist die Teilnahme an der Messfeier in einer schönen Kirche meistens ein inneres Fest, aber ich bin auch schon während einer Predigt aufgestanden und habe diese verlassen, weil ich den für mich falschen Ausführungen des Pastors nicht mehr folgen wollte.

Es ist mir wichtig, zum Ende meiner Gedanken über die derzeitige Kirchenkrise nochmals deutlich zu machen, dass du, liebe Leserin, und du, lieber Leser, für dein Seelenheil ganz alleine selbst verantwortlich bist. Du wirst nach deinem sicheren Tod in der jenseitigen Welt niemanden für dieses dein Leben und wie du es gelebt hast verantwortlich machen können. Wenn dir also daran liegt, dass Gott nicht beerdigt wird, wenn du Ihn für dich lebendig erhalten oder gar erst machen möchtest, dann hat dir dieses Buch vielleicht die ersten Impulse für deinen Weg geben können. Möglicherweise habe ich dich auf den Geschmack gebracht, selbst nach den Gründen für deinen Glauben zu suchen, die Dinge zu hinterfragen und dich ernsthaft um eine Gottesbeziehung in deinem Herzen zu bemühen. Wenn du den Wunsch und den festen Willen hast, kritisch aber auch wohlwollend deinen Weg aufzunehmen, kann ich dir versprechen, dass sich dein Leben positiv verändern wird. Verdamme nicht und zerrede nicht, sondern lass dich inspirieren aus den unzähligen wertvollen Quellen, die dir zugänglich sind. Bedenke immer, dass okkultes Werk im Verborgenen, also in deinem Herzen, vorgeht. Nur du selbst hast Zugang zu deinem Herzen und du bestimmst, welche Menschen, welche Lehren und welchen Gott du dort einlässt.

Zum Abschluss möchte ich noch eine schöne Geschichte aus Indien anfügen, die dir Mut machen möchte, deinen Weg aufzunehmen:

Eine Frau träumte des Nachts, einen Markt zu besuchen. Dort inmitten all der Stände traf sie an einem von ihnen erstaunlicherweise Gott. Scheu näherte sie sich dem Stand.

"Was verkaufst du hier?" wollte sie von ihm wissen.

Gott antwortete ihr: "Alles, was das Herz begehrt."

Die Frau war zunächst völlig verblüfft. Als sie sich wieder gefasst hatte, beschloss sie, diese Gelegenheit zu nutzen und das Beste zu verlangen, was sich ein Mensch nur wünschen kann.

"Ich möchte Frieden für meine Seele und Liebe und Glück. Und weise möchte ich sein und nie mehr Angst haben." sagte die Frau zu Gott. "Und das nicht nur für mich allein, sondern für alle Menschen."

Gott lächelte.

"Ich glaube, du hast mich missverstanden. Ich verkaufe hier keine Früchte, sondern die Samen."

NACHWORT

Das menschliche Denken ist aus kosmischer Sicht auf winzige Zyklen ausgerichtet. Bestimmend für die überwiegenden Konzepte, Ideen und Anschauungen ist nach wie vor der begrenzte Zeitraum unseres eigenen Lebens. Wir schenken unsere Aufmerksamkeit maßgeblich Zuständen und Umständen, die sich in diesem Rahmen unserer Meinung nach verändern oder zumindest kontrollieren lassen. Dabei haben wir die großen Zyklen von Entwicklungen in der Menschheitsgeschichte kaum mehr im Blick und glauben, heute alles besser machen zu können und grundlegenden, einschneidenden Veränderungen der Welt mit unserem derzeitigen Wissensstand anders begegnen oder sie sogar vermeiden zu können. Wenn ich in diesem Buch versucht habe, aus meinem Leben Schlüsse auf die Problematik des „sterbenden Glaubens" zu ziehen, dann bedenke bitte, dass ich von einem sehr kurzen Zeitraum ausgehe. Wie ich ausführlich geschildert habe, gibt es keinen Tod, also wird es auch nicht zu einer „Beerdigung Gottes" kommen. Vielmehr erlaubt uns das Phänomen der Kirchenflucht vielleicht gerade heute einen unverschleierten, kritischen Blick auf den religiösen Ist-Zustand und ermöglicht es uns, zunächst einmal in uns selbst einen neuen, klareren Rahmen für unseren eigenen geistigen Weg durch unser Leben zu zeichnen. Wer in seiner Kirche glücklich und heimisch ist, dem möge Gottes Geist Kraft und Mut geben, seine Überzeugungen zu äußern und an notwendigen Reformen mitzuarbeiten. Wer die Gemeinschaft der Gläubigen verlassen will oder schon aus der Kirche ausgetreten ist, dem möge Gottes Geist Kraft und Mut geben, auf neuen Pfaden nach Ihm zu streben und sein Leben auf Ihn auszurichten. Beides ist gut und beides ist richtig, wenn jeder seine Wahrheit findet. Ich hoffe, ich konnte Anregungen geben oder auch Hinweise, welche Möglichkeiten bestehen. Wichtig ist, seinen Weg zu finden und zu gehen. Ich wünsche allen Leser*innen von ganzem Herzen viel Geduld, Akribie und den festen Willen, Gott nicht aufzugeben, sondern unermüdlich nach der Liebe zu Ihm zu streben.

GODAFRID

Weiterhin ist von GODAFRID bei *tredition.de* erschienen:

GERRY
Schutzengel
für Lebenskrisen

Das 12-jährige Problemkind Ralf erleidet einen schweren Unfall. Im Koma auf der Schwelle zwischen Diesseits und Jenseits vermittelt ihm sein Schutzengel Gerry viele Geheimnisse des Seins, wie der Mensch in die Schöpfung eingebunden ist und innerhalb welcher Gesetze das Leben schwingt.

Mit dieser Erzählung beginnt für den Leser möglicherweise eine lange und intensive Reise in die Welt der Spiritualität und Sinnsuche.

Wer sich schon immer gefragt hat, was es noch außerhalb unserer Sinne gibt und wie das Ganze funktioniert, wie alles zusammenhängt und was der tiefere Sinn unseres Lebens ist, wird mit diesem Buch im Rahmen von vier spannenden Geschichten umfangreiche Informationen erhalten, die vielleicht auch sein Leben nachhaltig verändern können.

Die Journalistin und Lektorin dieses Buches, Waltraut Iltschner, schreibt in ihrer Rezension:

„Mit viel Einfühlungsvermögen in menschliche Schicksale erzählt der Autor die Geschichte von Gerry, dem Schutzengel, und den Menschen, die er behütet. Eingebettet in die Philosophie einer wissenschaftlich nicht erklärbaren übersinnlichen Wirklichkeit bieten die vier Kapitel der Erzählung den Leserinnen und

Lesern in eingängiger Sprache viele Anregungen zum Nachdenken über Lebensgestaltung und -ziele der Protagonisten und damit auch ihre eigenen. Der Autor, der mit diesem Werk, wie er im Nachwort schreibt, dazu ermutigen will, Fragen zu stellen und nach Antworten zu suchen, darf seine Intention als erfüllt ansehen. Auch eine Leserschaft, der Begriffe wie „Geistkörper" oder „feinstofflich" fremd sind, kann sich der den Erzählungen innewohnenden Spiritualität vorurteilsfrei nähern und daraus ihre eigenen Schlüsse ziehen."

Das Buch ist zu beziehen über den Webshop des Verlages unter www.tredition.de/buchshop/ (Suchbegriff: GODAFRID) oder im örtlichen Buchhandel sowie im Internet, anbei die ISBN-Nummern:

978-3-347-28078-6 (Paperback)

978-3-347-28079-3 (Hardcover)

978-3-347-28080-9 (e-Book)

Mehr als 20 verschiedene CDs mit spirituellen heilsamen Mantras und meditativer Musik:

zum Beispiel

7 Solfeggio-Frequenzen wurden in wissenschaftlich fundiertem Ton-Engineering erzeugt und in eine meditative, beruhigende Harmoniefolge eingebunden. Somit kommt der Hörer in den Genuss der den Solfeggio-Frequenzen

zugesprochenen Heilungsenergie in Verbindung mit einem angenehmen Hörerlebnis zur
Meditation, zur Beruhigung und als Unterstützung beim Einschlafen. Jede Frequenz läuft
über ca. 9 Minuten und kann einzeln abgehört
werden oder in chronologischer Folge hinterei-
nander. Verstärkt und abgerundet wird die
heilsame und beruhigende Wirkung dieser
Musik durch die angenehme und wohltuende
Verwendung des Mantras OM MANI PADME
HUM, welches dem Erreichen der spirituellen
Ziele beim Zuhörer dienen kann.

Weitere Informationen unter:

www.godafrid.de

Zeitfracht Medien GmbH
Ferdinand-Jühlke-Straße 7
99095 Erfurt, Deutschland
produktsicherheit@kolibri360.de